JN411435

이사의
책임에 관한
한국법과
몽골법의
비교연구

사롤 Saruul Idersaikhan

몽골 인문대학교(University of The Huminities) 외국어대학 한국어경제학과 졸업
몽골 국립대학교(National University of Mongolia) 법과대학 법학과 법학사
서울대학교 법과대학 법학과 법학석사

아시아태평양법
연구시리즈 **2**

이사의 책임에 관한 한국법과 몽골법의 비교연구

사롤

민속원

머리말

몽골이 사회주의체제에서 자본주의체제로 전환된 지 25년의 기간이 지났다. 이것은 개인의 인생에 있어서 긴 기간일 수도 있지만 하나의 국가 역사로 보면 그다지 많은 세월은 아니다. 특히 자본주의를 건너뛰어 봉건주의에서 바로 사회주의를 건설하고 있다고 믿고 또 자랑해 온, 70년의 사회주의 역사를 가진 우리나라에 아직도 새로 도입된 법체계를 정비해야 할 필요성이 적지 않다.

현대 사회에서는 회사會社란 개인은 물론이고 국가 더 나아가 전 세계 경제에 큰 영향을 주고 있는 것은 사실이다. 몽골에도 자본주의와 동시에 도입된 것은 "회사"라는 개념이었고, 현재로서는 사업을 영위하는데 있어서 가장 중요한 조직형태로 인정받고 있다. 몽골은 회사에 관한 법률관계를 입법화한 것은 1991년부터이며 그 후 경제발전에 따라 회사법을 몇 차례 개정하기도 하였고 지금도 국회에서 개정안에 대한 국민들의 의견을 수집하고 있다. 따라서 회사법에 대한 비교연구의 필요성이 존재하고 있다고 본다. 또한 몽골에 기존에 진출했거나 앞으로 투자를 계획하고 있는 한국인 투자자들을 생각하면 이러한 비교연구의 필요성을 무시할 수가 없다.

최근 몽골 회사법상 개정된 조항들 중에 회사의 지배구조를 개선함으로써 소수주주의 권익을 보호하고자 하는 취지가 큰 비중을 차지하고 있다. 회사의 지배구조를 구성하고 있는 기관들 중 이사理事란 중요한 역할을 한다. 한국과 몽골의 회사법을 보면 회사의 소수주주, 투자자 및 채권자의 권익을 위해 회사법상에 그 이사에게 의무를 부과하고 책임을 추궁하는 제도를 도입한 것은 서로 같다. 그러면 그 제도가 두 나라에서 어떻게 입법화 되어 있으며 실무상 어떻게 작동하고 있는지, 또한 서로의 장점과 단점이 무엇인지를 이 연구의 주대상으로 하였다.

저는 이 연구문을 통해 몽골의 회사법에 대한 기본적인 소개와 이사의 책임제도에 대한 비교법학적 이해를 관심 있는 분들에게 조금이나 줄 수 있다면 연구의 목적을 다한 것으로 생각한다. 한편으로 부족한 부분이 많이 있어 독자들의 기대에 부응하지 못 할까 걱정이 되지만 다른 편으로 한국과 몽골의 법제교류에 조금이라도 보탬이 되었으면 하는 마음으로 작성한 것이나 안심이 되기도 한다. 다시 말해 연구에 부족한 점이 다소 있겠지만 너그러운 마음으로 양해 부탁드린다.

이 논문을 끝까지 잘 이끌어 주시고 지도해 주신 서울대학교 법과대학 법학전문대학원 천경훈 교수님께 꼭 감사를 표하고 싶다. 바쁘신 일정에도 불구하고 많은 충고와 배려를 해 주신 교수님의 도움 없이는 이 논문은 불가능한 일이었다. 그리고 연구에 도와 주신 몽골 국립대학교 법과대학 교수님 베.아마르사나 B.Amarsanaa, 前국회의원님 에스.바트볼드 S.Batbold(현재 울란바타르시 시장), 공부한다고 먼 나라에 간 사이에 잘 견뎌 준 가족에게 감사드린다.

2017년 10월 29일

차례

01

서론

제1절
연구의 필요성 및 목적

I. 연구의 배경

본 논문은 한국과 몽골의 회사법에서의 이사의 책임을 비교법적 관점에서 탐구하고자 한다. 이런 연구가 가능하고 또한 실효성을 가지는 것은 양국 간에 사회적 · 경제적 교류가 이미 발전하고 있고, 앞으로 더 활성화될 것이 기대되고 있기 때문이다. 따라서 본문에 들어가기에 앞서 한국과 몽골의 역사적 내지 사회적 · 경제적 관계, 더 나아가 법제교류를 소개하는 것이 순서에 맞다고 생각한다.

1. 역사적 및 사회적 관계

한-몽 관계사 연구자인 제.바트트루에 따르면 한국과 몽골은 3000년 이상 역사적 관계를 이어 왔다. 그러나 역사와 문화의 교류 외에 현대의 공식적 외교관계의 역사는 무려 1990년 즉 구소련 공산주의 체제가 붕괴되어 냉전이 끝난 다음에야 시작된다.[1]

베.바트바야르도 두 민족의 관계는 매우 오랜 역사를 가지고 있고, 최초에 혈연관계에 의해 시작되었으며 몽골 대제국 중 특히 원元나라 시기에 더욱 활발해졌다고 한다. 그러나 그 이후 두 나라의 공식적인 관계가 끊어졌지만 몽골의 많은 중세기 역사서에서 고려에 대하여 서술하고 있다.[2]

한편 몽골이 1924년 첫 헌법을 제정하기 위해 영국, 미국, 스웨덴 그리고 한국의 법체계, 정치제도, 헌법 등을 비교연구 하였던 사실[3]이 있는데 이것은 몽골의 비교법학 발전 역사에 대한 중요한 자료로 평가받고 있다.

2. 경제적 및 인적 관계

한국과 몽골이 수교한 것은 정확히 1990년 3월 26일이다. 그 이후 양국 간에 경제적 교류가 급속히 증가하는 추세이다. 한국 외교부에 따르면 현재 (2013년 말 기준) 한국은 몽골의 제3위 무역대상국으로 양국간 교역량은 5.2억불에 달하였다. 아울러 그 동안 한국은 몽골에

1) J.Battur, 『20세기 한국 몽골 관계사』, 현대몽골연구원 역, 서울: KM미디어, 2011, 7쪽.

2) J.Battur, 위의 책, 3쪽.

3) J.Amarsanaa, "몽골의 법체계와 비교법학의 발전", *몽골의 법적개혁과 비교법학의 발전*, 국립법률센터, 세계은행 사법과 법적개혁 프로젝트 편, 울란바타르, 2004, 12쪽.

대하여 3.7억불 상당의 투자 및 1.34억불 상당의 무상원조를 공여했다. 한편 몽골에서 체류하는 한국인이 2,616명인 반면에 한국에서 체류하는 몽골인이 24,715명[4]으로 민간 교류도 많이 발달되고 있다.

최근에 경제교류 범위가 더 확대되어 포스코, 삼성물산, 한라건설 등을 비롯한 한국의 대기업들이 몽골에 진출하기 시작하였다. 이 현상은 몽골의 경제적 발전과 관련이 있는 것으로 생각된다. 한국 대기업들이 광물 · 자원, 전력 · 에너지, 철도건설, 도로건설, 신공항 건설, 주택 · 빌딩, 통신, 물류 · 운송, 경유 · 항공유수출 등의 분야[5]에서 경제활동을 하고 있으며 그 중에 몽골에서 현지 법인을 설립하여 사업 활동을 하고 있는 기업들도 있다.[6]

3. 법제교류 및 협력

양국 간에 법제교류도 이루어지고 있으며 그 수준에 따라 국가 차원의 교류, 정부기관 차원의 교류 및 기타 교류로 분류해 본다.

2000년부터 오늘까지 양국 간에 5개의 조약이 체결되었으며 그 중 법제교류에 관한 조약으로서 상사사법공조조약, 범죄인인도조약, 수형자이송조약, 형사사법공조조약[7] 등이 있다. 그리고 한국의 법제처는 법제분야 교류 기반 마련 및 양국간 법령정보 제공 협력을 위해 몽골의 국회법사위(2011.09.23) 및 몽골 법무부(2014.4.25)와 각각 협력

---

4) 한국외교부, 몽골약황, www.mofa.go.kr/countries/asiapacific/countries/20110919/1_25358.jsp?menu=m_40_10_20 (검색일 2014.10.23.).

5) 주 몽골 한국 대사관, 한국기업의 몽골 지출현황, www.mng.mofa.go.kr/korean/as/mng/policy/both/index.jsp (검색일 2014.10.23.) 참조.

6) 그들은 몽골 현행 회사법에서 규정하고 있는 유한책임회사의 형태를 띠고 있다. 몽골의 회사법상 유한책임회사에 대하여 이하 서술 내용 참조.

7) 국가법령정보센터, 한 · 몽 양자조약, http://law.go.kr/unSc.do?menuId=10§ion=licTrty&query=%EB%AA%BD%EA%B3%A8 (검색일 2015.04.14.).

양해각서를 체결[8]하여 협력활동을 하고 있다. 한국의 법제연구원의 경우 몽골의 법제연구소National Legal Institute of Mongolia와 교류협력을 체결[9]했으며 몽골의 현행 법률에 대한 다양한 연구실시와 보고서 등을 작성하고 한·몽·영 법률용어사전도 발급한 상태이다. 그 외에 양국 대학교 간의 협력관계, 한국에서 법학전공을 목적으로 유학 온 대학생들, 개인적으로 연구활동을 하는 연구자들은 기타 교류에 해당한다.

Ⅱ. 연구의 필요성

1. 경제적 필요성

후술하겠지만 양국의 기업과 민간인들 사이에 경제적 관계와 활동이 다양하게 이루어지고 있는 실정인데 몽골의 경제적 발전에 따르면 차후 더 증가할 추세이다.

몽골에 현재 진출한 또는 앞으로 진출할 한국 기업이나 개인 투자자들이 직접 현지 법인 즉 회사를 설립해 운영하는 도중에 이사나 지배주주로서 다른 주주나 채권자에 대한 책임을 지게 되거나, 주주로서 출자만 하고 경영에 참여 안 한다면 그 회사의 이사와 경영진에 대하여 의무불이행으로 인한 손해배상을 청구하거나 책임을 묻는 경우가 생길 수 있다. 전자의 경우 그 위험을 사전에 알면 방지할 수 있는 기회가 생기고, 후자의 경우 그 제도가

8) 법제처, 외국 법제기관과의 MOU 체결 현황, http://world.moleg.go.kr/klaw/result (검색일 2014.09.25.).

9) 한국법제연구원, 교류협력체결기관, www.klri.re.kr/kor/business/bizRelOrgOne.do#orgInfo (검색일 2014.09.25.).

원활하게 잘 이루어진다면 투자에 대한 신뢰가 쌓이고 거래의 안전성도 보장될 것이다. 현재 몽골의 정부정책이 외국 투자를 유치하는 것을 주목적으로 하고 있는 이상 국가 이익에도 부합하다고 생각한다. 역으로 한국에 진출하고자 하는 몽골 기업이나 투자자들에 대하여 같은 생각을 할 수 있다.

따라서 두 법이 마련한 이사책임제도에 대하여 널리 알리고 정확한 이해를 돕는 것, 서로의 장점을 발견해 양국의 법을 개선하는 것과 투자자와 주주의 이익을 보호해 주는 것이 양국간 경제관계에 조금이나마 도움이 될 것으로 생각된다.

2. 학술적 필요성

비교의 대상을 선택하는데 있어서 서로 유사한 성질을 갖는지 여부를 기준으로 해야 사실에 더 가까운 결과를 얻을 수 있을 것이다. 실제로 이사의 의무와 책임은 "한 동전의 양면"이다. 이사의 책임에 관한 얘기를 하고 싶으면 의무에 대한 얘기를 빼놓을 수가 없다. 한국과 몽골의 법체계가 대륙법계에 속하지만 이사의 의무와 책임에 관한 법리는 영미법의 영향도 많이 받았다. 그러면 양국의 입법자들이 그 개념을 자기 사회의 성질과 특징에 맞춰 회사법에 반영했을 것이며, 그에 따라 책임 추궁 제도를 구상했을 것이다. 그러므로 각 나라의 입법 방식과 제도에 서로 다소 차이가 있게 마련이다. 그 차이점과 유사점을 찾아내어 서로의 부족한 부분을 보완할 수 있는 방법을 제시하는 것이 양국의 법제연구에 도움이 될 것이라 생각된다.

'몽골의 법적개혁과 비교법'이라는 주제로 개최된 국제학술대회(2014.05.30)에 참석한 몽골 법무부 장관 헤.테무진이 "기업지배구조의 발전에 있어서 대부분의 나라들이 주로 미국의 경험을 참고로 하는 경향이 있지만 우리는 아시아 국가들을 그 모델로 할 것이다" 라고 한 말에 국제 법률가 및 법학자들이 찬성한 바 있다. 또한 그들은 몽골과 같이 소수의 주인으로 구성되었고 지배구조를 강화하고자 노력하는 나라는 아시아의 국가들을 모델로 하는 것이 바람직하다고 권고하였다. 그런 면에서 본 논문의 내용이 위의 취지와 부합하다고 본다.

3. 실무적 필요성

뒤에서 서술하겠지만 몽골에 아직은 이사의 책임을 추궁한 소송과 판례가 없는 상태이다. 반대로 한국에서는 1990년대부터 이에 관한 판례가 점점 쌓여 가는 추세이다.

물론 몽골에 아직은 판례가 없다는 것은 이사의 의무 불이행 행위가 전혀 없다는 말은 아닐 것이다. 따라서 몽골에 아직 이사의 책임에 관한 소송이 없는 이유를 밝히는 것이 중요하다. 게다가 한국에서 소송으로 이사의 책임을 추궁하게 된 첫 동기와 판례의 기본 법리 등을 연구하는 것은 몽골에서도 이와 같은 소송을 제기하고자 하는 경우 또는 실제로 소송이 제기된 경우에 법원에서 활용할 수 있는 참고자료가 될 수 있다.

Ⅲ. 연구의 목적

저자는 본 연구의 필요성을 바탕으로 다음 몇 가지 결과를 얻고자 한다. 첫째, 한국과 몽골의 회사법상 이사의 책임을 규정한 방식과 입법취지 등을 관찰하고, 그들의 유사점과 차이점을 발견하는 것이 우선적 목적이다. 둘째, 이사의 책임에 관한 서로의 입법적 문제점을 제기하고 개선방안을 제시하고자 한다. 셋째, 몽골에 이사의 책임을 추궁하는 소를 제기하지 않고 있는 이유를 연구하여 이에 대한 해결책을 검토하고자 한다.

제2절
연구방법과 연구의 범위

본 논문은 한국과 몽골의 회사법을 서로 더 구체적으로 소개할 수 있는 좋은 기회라고 생각한다. 그 이유는 아직은 두 나라의 회사법에 관한 비교연구가 그다지 발달된 상태가 아니라고 보기 때문이다.

2008년에 한국과 몽골의 회사법을 전체적인 맥락에서 비교 연구한 석사학위논문[10]과 한국의 법제처에서 몽골 회사법을 한국어로 번역한 것을 제외하고는 특별하게 연구된 바가 없다고 할 수 있다. 그러나 위의 학위논문은 회사의 기본적인 요소인 회사의 개념과 종류, 상호, 설립과 소멸, 자본 · 주식 · 유가증권, 기관 등에 관한 내용을 포함한 포괄적인 비교연구이기 때문에 그 범위가 상당히 넓다. 따라서 더 구체적이고 세분화된 연구가 필요하다고 본다. 게다가 2011년에 한국과 몽골의 회사법이 개정되면서 많은 조

10) 엔흐자르갈, 「한국과 몽골의 회사법 비교연구」, 경기대학교 상법석사학위논문, 2008.

문이 개정 및 신설되었는데 그 내용을 반영하지 못했으므로 그 만큼 추가적 연구를 요구하고 있다고 생각된다.

필자는 연구의 목적을 위하여 비교방법의 일반 과정[11]에 의해 논의 범위 즉 순서를 정하였다. 논문은 총 6장으로 구성되어 있다. 제1장에서는 연구의 필요성, 얻고자 하는 목적 및 그 방법에 대하여 다룬다. 제2장에서 몽골의 법제와 회사법을 소개하면서 회사법이 제정 및 개정되어 온 입법역사, 실태, 한국법과의 기본적인 차이점과 특징을 서술하고자 한다. 제3장에서 이사의 지위 및 그의 의무를 서술하고, 제4장에서 이사의 회사 및 제3자에 대한 손해배상책임, 책임의 요건 · 형태 · 범위, 이사 외에 회사법에 등장하는 책임의 주체 등을 다룬다. 제5장에서 이사의 책임을 추궁하는 방법에 대하여 논의하겠다. 마지막 제6장은 그 동안 서술한 내용을 바탕으로 연구의 목적과 관련된 양국 회사법상의 문제점을 파악하고 개선방안을 제시하면서 결론에 도달하는 최종 단계가 될 것이다.

연구를 실시할 때 형식적 의미의 회사법 즉 법전의 조문을 직접 및 문헌적으로 비교하면서 그의 바탕이 되는 역사적 또는 사회적 상황 등을 가능한 범위 내에서 같이 고려해 보고자 한다. 또한 법률 제정안 및 개정안 소개서, 입법자들의 의견, 상임위원회 회의 기록, 학술논문, 단행본, 교과서, 연구자들과의 인터뷰, 인터넷 자료 등의 분석을 통해 연구 대상의 본질을 구체적으로 밝히고자 한다.

---

11) B.Amarsanaa, *비교법학*, 울란바타르, 2005, 17쪽. 비교방법은 기본적으로 3단계를 거친다. 1)관련 제도, 그의 규범과 개념 등 확인 2)비교대상의 유사점과 차이점 확정 3) 2)의 원인, 성질, 활용 등 해석.

02

몽골의 회사법제 및 실태의 개관

제1절
몽골 회사법제의 개요

I. 몽골의 사법개혁 프로그램에 대한 비교법적 연구의 역할

몽골이 사회주의체제에서 자본주의체제로 전환된 이후 입법과정이 지속적으로 이루어지고 있고, 앞으로도 그 과정이 더 필요하다고 보고 있다.

베.치메드는 몽골의 법적개혁 과정을 3단계로 나누고 있다. 첫 단계가 1990년 3월에 몽골공화국 헌법 추가변경으로부터 1992년 몽골 현행 새 헌법이 제정되기까지이다. 다음 단계는 몽골 헌법의 보충법에 따른 포괄적 개혁으로 1992년부터 1997년까지 진행되었다. 마지막 단계인 1998년부터 2008년 사이에 국회가 제정한 법적개혁 프로그램에 따라 많은 입법이 이루어졌으며 그 당시에 395개

의 법률이 유효하게 적용되고 있었다.[1]

그 이후 법적개혁은 몽골 정부 업무계획에 따라 진행되어 왔으나 최근에 제2차 법적개혁 계획에 관한 다양한 원탁미팅[2], 회의[3], 학술대회[4] 등이 개최되고 있다. 그 결과 몽골의 정부, 법학자, 실무자들이 우선적으로 결정한 것은 법적개선을 위해 더 포괄적이고 구체적인 계획이 필요하며 전략적으로 접근하는 것이 타당하다고 보고 있다. 현재 몽골에서는 544개의 법률이 적용되고 있는 실정이다.[5]

국가체제전환이 법제의 전체적인 변화를 요구하였기에 위의 법적개혁은 당연한 현상이기도 하다. 이 과정에서 매우 큰 역할을 해 온 것은 비교법 즉 법의 비교연구라고 할 수 있겠다. 다른 나라의 법전과 법제를 조사 및 연구하고 그의 결과로 많은 입법이 이루어진 것이 사실이다.

그 동안 몽골 법학 학자들이 비교법 및 비교법학에 대한 많은 논의를 해왔으며 이 분야의 목적과 전망을 중요시 생각하고 있다. 비교연구는 법에 대한 일반 논의를 넘어 법을 개변 및 개선하는데 그 목적이 있으며[6] 국가의 법제 발전의 수준이 비교법적 연구의

---

1) Chimid. B, *State, Political Party and Legal Reform Crucial Issues: Second edition-About Legal Reform*, Ulaanbaatar, 2008; J.Amarsanaa 외, 『몽골의 정부조직과 법체계』, 서울 : 법제연구원, 2009, 73에서 재인용.

2) 몽골의 법적개혁의 어제와 오늘 원탁미팅, 개최자 국립법제연구소, 2013.11.27. www.unen.mn/content/30336.shtml (검색일 2014.09.26.).

3) 법적개혁에 관한 전략적 미팅, 개최자 몽골 법무부, 국립법제연구소, 2013.04.08. www.court.bkh.gov.mn/index.php?option=com_content&view=article&id=1036:2013-04-08-10-24-37&catid=1:latest-news (검색일 2014.10.03.).

4) 몽골의 법적개혁과 비교법, 국제학술대회, 개최자 국회 법무위원회, 법무부 등, 2014.05.30. www.parliament.mn/news/open/categories/30/pages/14233 (검색일 2014.10.03.).

5) www.legalinfo.mn (검색일 2015.04.11.).

6) B.Chimed, "비교할 수 있는 법과 비교할 수 없는 법", *Law review* 제19집 4호, 국립법제연구소, 2007, 60쪽.

성과를 얼마나 활용하느냐에 달려 있다고 한다.[7] 본 논문도 몽골의 비교법 발전 특히 회사법 비교연구 발전에 이바지할 수 있는 기회가 되었으면 하는 생각이 필자의 목적 중의 하나이다.

Ⅱ. 구舊회사법의 연혁 및 입법배경

1. 서설

몽골은 상사관계를 조정하는 별도의 상법전이 없으며 회사와 관련된 법률관계는 회사법, 기타 상사관계는 민법 및 그 외의 법률로 규정하고 있다.

우선 몽골에 회사라는 기업형태가 생기게 된 것에 몇 가지 원인이 있었다. 베.아마르사나에 따르면 몽골이 경제체제 전환을 하게 되자 국가가 각 개인의 창의력에 의해 발전하여야 한다는 경제적 이론이 보급되기 시작했으며, 이것이 그 하나의 원인이라고 말하고 있다. 다른 하나는 사유화 과정이며 그 결과 특히 많은 주식회사가 생긴 것이다.[8]

몽골에 현재까지 회사에 관한 법률이 4차례(1991년, 1995년, 1999년, 2011년)나 제정 및 개정되었는데 이 과정의 공통점은 회사에 관한 법률관계를 하나의 법률로 규정하고자 노력해 온 것이었다.[9] 이어서

7] N.Lundendorj, "국가 법제발전에 대한 비교법의 역할", *Law review* 제16-17집 2-3호, 몽골국립대학교 법과대학, 2007, 12쪽.

8] B.Amarsanaa 외, *회사: 법적 쟁점*, 울란바타르, 2003, 10쪽.
몽골의 사유화에 대한 더 자세한 내용은 J.Batkhuyag *몽골의 사유화의 이론과 실무적 문제*, 울란바타르, 2001 참조.

9] B.Amarsanaa 외, 앞의 책, 10쪽.

몽골의 회사법이 입법되어 온 과정과 주요 내용을 소개하겠다.

2. 기업법(1991)[10]

(1) 입법배경

몽골은 1990년 이전에 회사나 기타 기업 활동을 조정하는 법률이 없었고, 실무상 회사의 지배구조에 대한 개념이 발달되지 못한 상황이었다. 따라서 1991년에 당시 법무부와 통상생산부 연구팀이 유럽의 전환경제국가들의 민법, 상법, 기타 법률을 조사한 후 헝가리의 회사법(1988)을 모델로 하여 기업법 초안을 만들었다. 헝가리 회사법을 택한 데에는 정치적 및 경제적인 이유가 있었다. 1) 헝가리는 그 당시 외국투자격려와 국영기업 등의 사유화를 성공적으로 실시하고 있었으며 이는 몽골정부의 외국투자유치와 사유화의 법적환경 마련 정책과 부합하였다. 2) 국영기업 및 국유재산 사유화의 법적 근거를 갖추는 것이 헝가리 회사법의 취지이었다. 3) 헝가리는 GATT(관세와 무역에 관한 일반협정) 가입국이었다. 헝가리의 회사법의 구성은 기업체의 설립, 해산, 기관, 사원의 의무 · 권리 · 책임에 관한 사항 등으로 이루어져 있었는데 몽골의 기업법은 그 구성을 거의 전체적으로 따랐다.[11]

(2) 기업법의 구성 및 주요내용

기업법[12]은 1991년 5월 17일 제정되었으며 1991년 7월 1일부터

---

10) 영문 제목: Economic Entities Law.

11) I.Idesh, "몽골의 회사법 발전에 대한 외국법의 영향", *원문*, 2014, 7~8쪽.

12) 몽골공화국, The State Baga Hural, *State Bulletin*, 1991, No 4~5.

시행되었다. 총 4장, 45조항으로 구성되었으며 개인사업체, 협동조합cooperative, 회사, 국영기업 등에 의한 영업활동을 적용 범위로 삼고 있었다. 본 법은 J.Anderson 등에 의하여 현대식 회사의 형태와 유한책임을 몽골에 최초로 도입하였다는 평가를 받았지만 여전히 사회주의적 인식이 상당히 남아 있다는 비판도 있었다.[13]

기업의 형태를 개인사업체, 합동조합[14], 회사(제2조 제2항) 등 3가지로 하였으며 회사는 미포괄책임[15]회사와 주식회사로 나뉘었다(제23조 제1항). 회사 설립 시 일정한 금액 이상의 자본금을 요구하였으나 반드시 전부 납입될 것을 설립등기 요건으로 하지 않았다(제24조 제7항, 제31조 제7항 제3호). 회사의 기관은 사원총회 또는 주주총회, 총괄이사director-general(제26조 제1항, 제34조 제1항), 감사회Control Council(제27조 제1항, 제35조 제1항) 등으로 하되 회사의 유형에 의하여 회사가 이사회 및 감사회를 설치할지 여부를 결정할 수 있었다. 즉 이사회 및 감사회는 주식회사의 경우 의무적 설정 기관이었다. 구조상으로 회사의 업무집행을 담당하는 총괄이사의 역할이 더 컸다고 볼 수 있다.

---

13) J.Anderson, G.Korsun, P.Murrel, "Ownership, exit and voice after mass privatization", *Economics of Transition*, Vol 7 (1) 1999, pp.226~227.

14) 이 법에 명시하는 협동조합이란 현재의 조합을 의미한 것이며, 지금은 "수인의 자가 경제·사회·문화의 공통적 필요를 충족하기 위하여 민주적·공동적 경영과 감리 하에, 공동 재산에 의하여 활동하는 법인"을 합동조합이라 한다(협동조합법 제3조 제1항). 협동조합의 본질은 영리를 목적으로 하는 것이 아니라 사원의 필요를 충족하고, 사원만을 위하여 활동하는 것이다. 그러나 합동조합법은 사원이 무한 또는 유한 책임을 부담하고, 사원에게 그 출자금에 상응하는 이익을 분배하도록 규정함으로서 협동조합을 영리적 법인으로 인정하여, 회사나 일반 조합과 구분되는 차이점을 없애 버렸다는 비판도 있다(B.Amarsanaa 외, *회사: 법적 쟁점*, 울란바타르, 2003, 23~27쪽).

15) 그 당시 입법자가 유한책임을 표시하고자 이런 용어를 사용한 것 같으며 저자가 원래의 표현을 유지하기 위해 그대로 번역하였다. 현행법에서 유한책임이라는 용어를 사용하고 있다.

3. 조합 및 회사에 관한 법률(1995)[16]

(1) 입법배경

국유대형기업의 사유화 완료, 합동조합과 조합에 관한 사항을 서로 다르게 규정할 필요성, 회사법의 개선, 기업법상의 조합에 관한 규정의 누락, 회사 및 기타 기업체 재설립 등에 관한 다소의 사항을 규정하지 않았다는 이유[17]로 1995년에 '조합 및 회사에 관한 법률'의 제정에 나섰다.

국회 경제정책상임위원회가 판단했듯이 시장경제의 전환 진도에 따라 사업관계가 더욱 정밀해지고 다양해져 보다 자유로운 영업활동을 지지하는 것과 동시에 가능한 한 포괄적이고 세계적 기준에 준한, 차후 지속적으로 적용될 수 있는 법률이 중요[18]하게 되었다.

법안을 만들 때 이탈리아, 프랑스, 러시아연합국, 독일, 캐나다, 헝가리, 불가리아 등 10개 국가의 동일한 법률을 연구하였으며[19] 법무부 국제관계부서를 통해 영국 로펌의 영국 · 캐나다 법률가들로부터 조합, 조합의 법적지위, 요건 등에 관하여 자문을 받았다.[20]

---

16) 이하 "조합 및 회사법"으로 표현한다.
몽골, The Great Hural, *State Bulletin*, 1995, No 8-9, 영문 제목: Partnership and Company Law.

17) I.Idesh, 앞의 논문, 9쪽.

18) 몽골국회, 경제정책위원회, 조합 및 회사법 제정안에 관한 소견서, 1995.03.06.

19) 몽골 정부, 조합 및 회사법, 제정안 소개서, 1994.12.30.

20) I.Idesh, 앞의 논문, 9쪽.

(2) 법의 구성 및 주요 내용

조합 및 회사법은 1995년 5월 11일 제정되었고 1995년 7월 1일부터 시행되었다. 총 3편, 10장, 97조항으로 구성되어 있었으며 조합(제2편), 회사, 국유회사 및 국가재산참여회사(제3편)에 관한 관계를 적용대상으로 하고 있었다.

이 법은 새로운 규정을 도입하면서 본래 존재하던 개념을 배제 또는 시정하기도 했다. 예컨대, 기업법(1991)에서 규정하였던 개인사업체에 관한 개념을 기업체의 형태에서 배제하여 그 관계는 민법의 적용을 받게 하였다. 또한 기업법에서 유한책임조합과 무한책임조합의 형태를 영리를 목적으로 하지 않고 오직 사원을 위해서 활동을 하는 합동조합과 혼동한 잘못이 있었다.[21] 따라서 합동조합에 관한 별개의 법률을 제정하게 되었다.

이 법은 회사의 형태를 유한책임회사와 주식회사(제3조 제2항)로 구분하였고 회사가 정관상 영업목적에 없는 사업을 수행하는 경우 책임을 지웠다(제18조 제3호). 면허 등의 인가를 필요로 하는 회사는 설립등기 이전에 허가를 발급받을 것을 요구하였다(제10조 제2항 제3호). 이는 회사가 등기를 한 경우에 설립된 것으로 본다는 본법 제9조 제3항의 규정과 모순을 일으켰던 것으로 판단된다. 아직 설립되지 않은 회사에 대하여 면허를 발급받아야 할 상황이 되는 것이다. 여전히 최저자본금 제도가 존재하였으며(제37조 제1항, 제89조 제1항) 그 중 일부만 납입되면 등기할 수 있었다(제32조 제2항, 제31조 제6조, 제88조 제3항 제2호). 회사의 기관은 사원총회, 이사회, 집행이사executive director[22], 감사 또

---

21) 조합 및 회사법, 제정안 소개서.

22) 엔흐자르갈, 전게논문에서 '전문경영 사장'으로 번역하였으나 필자는 영어 용어를 기준으로 '집행이사'로 번역함.

는 감사회 등으로 구성되었다.

이 법은 권한과 책임에 관한 정의가 보다 잘 완비되어 있었지만 내부자와 외부자insider & outsider 등 회사와의 관계에서 등장하는 다양한 이해관계자들 사이에 권한의 균형을 바꾸려 시도하지 않았다는 비판을 받았다.[23]

4. 회사법(1999)

(1) 입법배경

당시 정부 목적은 국영고가기업의 사유화를 위해 외국 회사 및 투자자를 유치하는 것이었으며 관리민영화의 법적환경을 개선하는 정책을 세우고 있었다. 따라서 회사 조직에 관한 규정을 개선하고 더 나은 지배구조 제도를 도입하고자 새 회사법을 제정하게 되었다.[24] 입법안 발의자들은 국가 경제에 대한 회사의 비중이 더 높아지고 있으니 그 만큼 회사에 관한 법률이 좋아야 하며 그것은 국가경제와 국민이익에 중요한 역할을 할 뿐만 아니라 외국 투자를 유치하는데 중요한 요건의 하나[25]라고 판단하였다.

1997년 말에 당시 미국의 컬럼비아 대학교 교수 B.Black[26]가 회사법 초안을 마련하였다. 그 법안을 바탕으로 몽골 국회 경제정책위원회와 투자격려임시위원회에서 정부 및 기업들이 참석한 세미나를 열어 그들의 의견을 들었으며 그 결과를 원안에 반영한

23) J.Anderson, G.Korsun, P.Murrel, 앞의 논문, 227쪽.

24) I.Idesh, 앞의 논문, 9쪽.

25) 몽골 국회의원 Yo.Gerelchuluun 외, 회사법(1999) 입법안 소개서. 1998.07.14.

26) Bernard Black, 현재 Northwestern 대학교 법과대학 교수, http://www.law.northwestern.edu/faculty/profiles/BernardBlack/ (검색일 2014.10.08.).

후 국회에 제출하였다.[27] 이렇게 몽골 회사법이 미국 회사법의 영향을 받아 미국의 폐쇄 및 공개 회사에 관한 원칙과 규범을 받아들이게 되었다.[28]

(2) 법의 구성 및 주요 내용

회사법은 1999년 7월 2일 제정되었으며 총 14장 및 98조항으로 구성되어 있었다. 법이 제정된 이후 기존의 "조합 및 회사법"에서 회사와 관련된 조문이 삭제되었으며, 동법은 "조합법"이라는 명칭 하에 현재까지 유효 적용되고 있다.

회사법(1999)[29]은 그 적용 범위를 더 넓히고 구체적으로 정의(제2조)하였으며, 처음으로 종속회사와 자회사에 대한 규정을 정하였다(제6조). 회사를 폐쇄회사와 공개회사 형태로 구분하고 전자는 유한책임회사, 후자는 주식회사로 하였다(제3조 제4항 제1호). 최저자본금 제도가 유지되고 있었으나 전부 납입된 후 설립등기를 할 수 있도록 하였다(제15조 제6항, 제4항 제4호, 제32조 제1항). 회사의 기관으로 주주총회, 이사회, 집행임원(수인 또는 1인이 수행가능)이 있었으며(제9장) 감사 또는 감사회에 의한 내부감사제도(제91조)와 외부감사제도(제92조)를 도입하였다.

---

27) 회사법(1999) 입법안 소개서.

28) I.Idesh, 앞의 논문, 9쪽.

29) The Great Hural, *State Bulletin*, 1999, No 1. 회사법(1999)은 제정 후 8차례나 걸쳐 개정되었다. 마지막으로 2010.4.23. 개정되었으며 여기서 그 개정된 내용을 반영하여 소개하도록 한다.

Ⅲ. 현행 회사법(2011)의 입법배경 및 주요내용

1. 입법배경

기업지배구조 제도가 유난히 발달된 미국식 제도를 1999년에 입법하였지만 회사의 의사결정기관 및 집행기관의 법적 지위 및 의무에 관한 많은 사항이 누락되어 있었다. 2007년에 금융관리위원회Financial Regulatory Commission가 제정한 '기업지배구조 코덱스'도 이사회 권리와 의무, 독립이사 및 집행임원의 법적 지위에 관한 사항들을 정하지 않아 그 결함을 보충하지 못하였다. 게다가 몽골 법원은 미국의 기업지배구조상의 기관과 개념을 이용하는데 있어 많은 실무적 어려움을 겪고 있었다.[30] 입법안 제시자들도 이 상황을 고려해 좋은 기업지배구조 제도의 입법화, 주주이익 보호제도 형성, 이사회와 이사회내 위원회의 법적 지위 확정, 이사회의 독립적 활동 보장, 주주의 이익보호장치로서의 역할을 강화하기 위한 주주총회 제도를 개선하고 위법책임 제도를 규정할 필요성이 생겼다고 판단하였다.[31] 따라서 2011년 10월 6일 기존 회사법을 전부 개정[32]하였으며, 개정일부터 시행되었다.

2. 개정회사법상의 근본적인 변화

회사법 개정 초안은 53개의 조문을 신설하고 320개의 조문을

30) I.Idesh, 앞의 논문, 9~10쪽.

31) 몽골 국회의원 D.Zorigt 외, 회사법 개정 입법안(2011) 소개서., 2010.12.17.

32) 논의의 편의를 위해 이하 '현행 회사법'으로 표현하겠다.

개정하였으니[33] 내용상 많은 변화가 있었다. 베.아마르사나는 2011년 개정법은 개정전 회사법(1999)과 비교하면 4가지 원칙적인 변화가 있다고 주장하고 있다.[34]

(1) 회사의 형태와 종류

개정법에 의하면 회사는 유한책임회사 및 주식회사의 형태를 가지며, 주식회사의 종류를 공개주식회사와 폐쇄주식회사로 정하고 있다(제3조 제4항, 제3조 제6항). 개정전 회사법에서는 주식회사를 공개 및 폐쇄형으로 구분하지 않고 회사의 2가지 형태만 인정하였다.

유한책임회사의 경우 기존의 유한책임회사와 명칭이 같지만 원칙적으로 다음 두 가지 점이 서로 다르다. 첫째, 회사의 사원이면 누구나 회사에 대한 정보 일체를 취득할 수 있게 하였다(제5조 제11항). 이것은 사원의 절대적 정보취득권을 보장하므로 기존법과 엄격히 다르다. 따라서 회사를 설립할 때 발기인의 상당한 주의를 요구하거나, 서로 모르는 자를 사원으로 하지 않으려고 하는 경향이 생겨 사업을 축소시키는 영향을 줄 수도 있다. 정관이나 다른 방법으로 제한할 수 있는지 여부도 확실하지 않아 실무적 해석과 시행이 중요한 역할을 한다.

둘째, 기존의 회사법은 주주의 주식양도권을 정관으로만 제한할 수 있도록 하여 상대적으로 유연성을 가지고 있었는데 개정법은 그 주식처분권을 법으로도 제한할 수 있게 하여 그에 대한 규제를 더 강화한 면이 있다(제3조 제5항).

한편 주식회사의 종류로서 폐쇄주식회사의 개념을 도입한 것은

---

33) 회사법 개정안에 관한 몽골 정부 내각회의 기록, 2010.9.15.

34) B.Amarsanaa, *기업지배구조 및 회사법에 관한 도전적 이슈*, 울란바타르, 2012, 54~63쪽.

다음 몇 가지 이유로 좋은 평가를 받고 있다. 주식회사가 증권거래소의 요건을 충족하는 경우에만 자기 주식을 대중에게 거래할 수 있다. 이는 그 요건을 충족할 수 없어 유한책임회사로 재설립하고자 하지만 사유화의 결과로 주주총회의 결의를 못 받고 있는[35] 주식회사들을 증권거래소 등록부에서 배제시킬 수 있도록 한 것이다. 따라서 폐쇄주식회사가 상장회사가 되면 자동으로 공개주식회사가 될 수 있어 유한책임회사를 주식회사로 재설립[36]하는 데에 드는 비용과 법적 위험을 감소시키는 효과가 있다.

(2) 회사의 감사제도

기존에 있었던 감사회 제도[37]를 바꾸어 위원회 제도를 도입하였다. 이것은 회사가 감사회를 두는 것과 동시에 이사회가 감사위원회를 설치하여야 하던 모순을 없앴다.[38]

(3) 법원의 참여

"A Self-Enforcing Model of Corporate Law"[39]라는 논문이 1999

---

35) B.Amarsanaa가 주주총회 결의를 못 받고 있는 이유를 정확히 설명하지 않았으나 필자는 다음의 이유 때문인 것으로 판단한다. 1990년 때 몽골이 경제체제 전환을 하게 되자 국유기업 사유화에 때문에 많은 소수주주들이 생겨났다. 그러나 그 중 자기 자신이 회사의 주주인 것을 모르는 사람들도 있고, 이름이 주주명부에 있어도 연락할 수 없거나 찾을 수 없는 주주들이 많다. 회사를 재설립(조직변경) 하려면 주주총회 결의에 의하여야 하는데 회의 의사정족수가 충족되지 않아 회사 재설립 결의를 할 수 없는 상황이 종종 발생했는데 폐쇄주식회사를 인정함으로서 이 문제를 해결할 수 있게 된 것이다.

36) '회사의 재설립'이란 회사의 신설합병, 흡수합병, 분할, 유형변경 등을 통틀어 일컫는 개념이다(몽골 회사법 제18~23조).

37) 감사회 제도가 1991년 기업법 제정시 처음 도입되었다. 그 당시 영국과 독일의 법을 연구하는 도중에 감사제도로 오인해 입법되었고, 그 이후 회사에 두 개의 이사회가 존재하는 것 같은 오해를 초래해 왔다. 회사법 개정 준비단 회의록, 2011.03.30.

38) 이런 모순이 2007년 '기업지배구조 코덱스'에서 유래되어 2011년까지 존재하였다.

39) Bernard Black, Reinier Kraakman, "A Self-Enforcing Model of Corporate Law", *Harvard Law Review*, 1996.

년 제정된 회사법 초안의 이론적 근거가 되었다. 본 논문의 저자들이 체제전환국가들이 미국이나 독일 등 선진국가의 회사법을 도입하는 것은 시장, 문화, 제도 등이 부존재하거나 약한 경우에 적절하지 않을 수 있다고 주장하였다. 그런 국가에서는 법원의 지식과 능력이 분쟁을 해결하기에 부족하기 때문에 법을 만들 때 가능한 한 사법적 관여를 줄여야 하며, 소송을 하더라도 법원에서 법을 적용하는데 있어 실수하지 않도록 하는 것이 입법의 원칙이어야 한다고 보았다.[40] 그러나 개정법이 법원이 회사법에 위반하였는지 여부를 결정하고 행정처벌을 부과할 수 있도록 허용한 것(제100조 제1항)은 그 이론을 어느 정도 배제한 것으로 볼 여지가 있다.

(4) 정부기관의 개입

정부관리기관Government Regulatory Agency인 금융관리위원회가 주식회사의 영업운영과 내부적 사항에 개입할 수 있게 한 것은 근본적인 변화라고 할 수 있다. 개정법에 의하여 금융관리위원회가 다음의 권리를 행사할 수 있게 되었다. ①회사의 파산, 사원이 1인도 안 남았거나 기타 법정 사유가 있을 때에 법원에 회사의 해산명령을 청구할 수 있다(제26조 6항, 제26조 제2항). ②회사의 자기자본equity이 정관자본금charter capital에 비해 낮은 경우 이사회 또는 집행임원이 주주총회를 개최하여 법정 조치를 하여야 하는데 그러지 못한 경우에는 본 기관이 주주나 채권자와 같이 회사의 해산에 대한 법원의 명령을 청구할 수 있다(제31조 제5항, 제31조 제3항). ③이익배당 완료 후 이익배당 보고서를 작성하여 일정기간 이내에 금융관리위원회에 제출할 것

40) B.Black, R.Kraakman, 앞의 논문, 1911쪽에서 재인용.

을 요구할 수 있다(제46조 제14항). ④법정기간 이내에 주주총회를 미개최한 이사회가 주주총회 소집권 이외의 모든 권한을 상실하였다는 사실을 공고한다(제59조 제7항). ⑤주주총회 미참석 주주 또는 회의에 참석하였지만 반대의 의견을 가진 주주가 법정 사유를 근거로 금융관리위원회에 이의를 제기할 수 있다(제70조 제2항). ⑥법정의 위법행위를 한 경우 행정처벌을 부과할 수 있다(제100조).

(5) 회사의 재무

회사의 재무에 관하여 많은 규정이 개정 및 신설되었다. ①회사의 채무를 주식으로 전환할 목적으로 신주발행 시 주주가 우선적으로 인수할 수 있게 되었다(제25조 제6항). ②회사의 자본금과 자기자본에 대한 개념을 구분하였다(제30조 제1항, 제2항). ③자본금과 자기자본의 비율을 정하였다(제30조 제3항). ④자본금 최저한도 배제(제30조 제4항). ⑤자본금 증감 요건 규정(제31조 제2항). ⑥자본금 보유상태로 인한 회사 파산 결정절차 변경(제31조 제3~5항). ⑦무액면주는 인정되지 않으며 동종 주식의 주가도 동일하여야 한다(제32조 제4항). ⑧원칙적으로 1주株에 1개의 의결권이 있는데 법으로 다르게 정할 수 있도록 허용하였다(제32조 제6항). ⑨우선주 발행 결정권은 이사회가 아니라 보통주주의 권한으로 바뀌었다(제35조 제9항). ⑩주식회사의 발행한 보통주 전환 유가증권의 전환가액은 그 보통주의 시가 이하로 할 수 없었는데 법을 개정하면서 발행 전 1개월 평균가액 이하로 할 수 없다고 규정하였다(제39조 제4항). ⑪주식매수선택권 행사가격 최저한도 계산방법을 변경하였다(제40조 제3항). ⑫회사의 발행한 보통주의 100분의 1 이상의 주식을 병합할 없다는 조문을 신설하였다(제51조 제2항).

3. 현행회사법의 주요 내용

(1) 회사법의 구조적 특징

몽골 회사법은 회사의 형태를 유한책임회사와 주식회사로 구분하고 있지만 한국의 상법에서와 같이 어느 하나에 대한 특칙이 있는 것은 아니다. 즉 조문의 내용 속에 특별하게 규정하지 않은 이상 조문 전체가 모든 회사에 똑같이 적용된다고 보아야 한다.

(2) 회사의 정의

회사를 어떻게 정의하고 있는지를 보면 그들의 근본적인 유사점과 차이점을 알 수 있다. 기술한 바와 같이 몽골 회사법상에는 유한책임회사, 공개주식회사 및 폐쇄주식회사가 존재한다. 주주의 출자금이 주식으로 분할되는 점, 개별적 자산의 보유 및 영리성은 그들의 공통점이다(제3조 제1항). 정관 또는 법에 의해 주식의 양도를 제한할 수 있는 회사를 유한책임회사(제3조 제5항)라 정하고 있는 반면에 공개주식회사는 주식이 유가증권거래소에 등록되어 자유롭게 거래되는 회사(제3조 제7항), 폐쇄주식회사는 그 주식이 유가증권 예탁기관에 등록되어 유가증권거래소를 제외한 장외시장에서 거래되는 회사(제3조 제8항)이다.

(3) 주식과 주주

1) 주식

가. 의의

주식이란 유가증권으로서 주주의 의결권, 이익배당권, 회사가 해산한 때에는 잔여재산 환가처분 후의 분배권 등의 권리를 증명한다(제33조 1항, 유가증권시장법 제5조 제1항, 제4조 제1항제8호).

주식에는 유가증권으로서의 몇 가지 특징이 있다. ① 주식은 그 소유자의 권리 즉 이익배당권 및 그 외의 권리를 증명한다. ② 주식은 다른 유가증권에 비하면 기한이 없다. 주식의 권리는 회사의 해산 또는 법으로 특별히 규정한 사항이 없는 한 계속 유지된다. ③ 주식은 유한책임을 가리킨다. 주주는 주금을 납입하면 그 외의 출자책임을 부담하지 않으며 회사가 해산할 때에는 자기 소유주식을 상실할 뿐 다른 어떠한 책임도 없다.[41]

몽골 회사법은 무액면주식을 인정하지 않는다. 주식은 액면가가 있어야 하며 회사의 정관에 그 가액을 기재한다. 동일 종류의 주식은 액면가도 동일하여야 한다(제32조 제4항). 주당 의결권 1표를 가지는 것이 원칙이지만 법으로 달리 규정할 수 있어(제32조 제6항) 예외적인 규정이라는 평가를 받고 있다. 주식은 특정인을 권리자로 지정한 기명증권이며 그 의결권을 분할할 수 없다(제32조 제7항). 회사의 자본금에 대한 소유권일 뿐이고, 회사의 재산에 대한 개별적 소유권은 아니다(제3조 제2항).

주식회사의 주식은 회사법 및 "유가증권시장법"의 적용을 받지만 유한책임회사의 주식은 증권시장에서 거래되지 않기 때문에 "유가증권시장법"의 적용대상에서 제외된다(유가증권시장법 제5조 제1항, 제2항).

41) T.Munkhjargal, Ts.Tsolmon, *Business law*, 울란바타르 2000, 78쪽.

나. 주식의 분류

회사법은 주식에 대하여 ① 그 권리의 내용에 따라 보통주와 우선주(제32조 제2항), ② 발행 여부에 따라 수권주授權株 및 발행주(제33조 제1항, 제2항), ③ 특정한 목적으로 발행되는 황금주(제36조 제-항), ④ 주식에 해당하는 기타 유가증권(제37조) 등을 구정하고 있다.

보통주 및 우선주. 회사는 보통주를 의무적으로 발행하여야 하는데 우선주는 발행할 의무가 없다(제32조 제3항). *수권주 및 발행주*. 수권주란 정관으로 사전에 정한 보통주와 우선주의 수이며 발행주란 수권주 중에서 주주들이 매각하여 소유하고 있는 주식 수를 말한다. 수권주 제도는 회사가 새로운 자금조달 목적으로 신주를 발행할 때마다 정관을 수시로 변경하여야 할 번거로움을 덜어 준다.[42] *황금주*. 정부만 발행할 수 있는 주식으로서 국유기업 등의 사유화 시 주주총회, 이사회 및 집행이사의 결의를 거부할 수 있고, 이익배당청구권 및 거부권 이외의 어떠한 권리도 없다(제36조 제1~2항). 기정 기간의 만료로 그 효력이 상실되며, 연장할 수 없다. *기타 주식*. 인수증권, 주식전환 유가증권, 주식매수선택권option은 주식에 해당한다(제37조).

다. 주식의 병합과 분할

회사는 2개 이상의 주식을 1개의 동종의 신주로 전환하여 주식을 병합할 수 있다(제51조 제1항). 반대로 발행 주식 1개를 2개 이상의 주식으로 전환하여 주식을 분할할 수 있다(제51조 제3항). 주식 병합과

---

42) Fiona Connell and N.Tsogt. *Company law*(연수 자료집), UB, 2008 p.48.
Фионна Коннелл, Н.Цогт, *Компанийн эрх зүй* /сургалтын гарын авлага/, УБ, 2008.

분할로 인하여 발생한 단주端株는 회사가 다시 인수할 수 있으며 인수가액은 주주총회나 이사회가 정한다(제51조 제4항).

라. 주식의 양도

주식회사의 주주는 주식을 자유롭게 양도할 수 있는데(제4조 제1항) 주주들은 주식양도권을 상호 제한하는 계약을 체결할 수 있다(제4조 제5항). 유한책임회사에서는 주주의 주식양도권은 정관으로 제한할 수 있다. 그러나 주식회사이든 유항책임회사이든 주식양도권이 법에 의하여 제한될 수도 있다는 면에서 공통점을 갖는다. 황금주는 타인에게 양도하지 못한다(제36조 5항).

마. 주식 등의 발행

공개주식회사의 경우 정관에 달리 정한 바 없으면 주식 및 유가증권을 공모발행 또는 사모발행할 수 있으며(제4조 제3항), 유한책임회사는 주식, 주식인수증권 및 주식전환 유가증권을 사모발행만 할 수 있고, 기타 유가증권은 공개 · 비공개 청약에 의하여 어느 방식으로든 발행할 수 있다(제5조 제2항).[43] 주식은 그 액면가 이하로 발행할 수 없다(제32조 제5항).

---

43) 회사법이 2011년 10월 6일 개정될 때 유한책임회사가 주식외의 유가증권을 공개청약에 의해 발행할 수 없다고 규정하였다. 법안 발의자들이 유한책임회사는 폐쇄형이고 영업상태가 공개되는 회사가 아니기 때문에 대중으로부터 자금조달을 함으로서 투자자에게 손해를 입히는 행위가 발생하지 않도록 막아야 한다는 것을 그 근거로 하였다. 그러나 2014년 6월 5일 그 조문을 다시 변경하였다. 안정적인 영업활동을 하고 있는 대형 유한책임회사들이 자본시장을 통해 장기적 저리 자금을 조달할 수 있는 기회가 생길 것이라고 보았기 때문이다. 몽골 국회의원 S.Byambatsogt 외, 회사법 2013년 개정안 소개서, 2013.08.28.

2) 주주

가. 의의

주주는 회사에 출자한 자로서 그 출자에 상응하는 주식을 보유하고 권리를 행사할 수 있는 자를 말한다. 몽골 회사법에서 주식회사 및 유한책임회사의 사원은 주주이다. 회사 사원은 출자의무를 다하고(제44조 제2항, 제3항), 자기 성명, 거주주소, 소유주식 수량 등의 사항을 주주명부에 등록하여야 주주로서의 지위를 얻고 권리를 행사할 수 있다(제45조 제5항, 제4항).

주식회사의 주주수에는 제한이 없지만 1차 증권 시장에서 주식을 청약할 때 50명 이상의 투자자에게 소개하여야 한다(유가증권시장법 제11조 제1항). 유한책임회사의 발기인수가 50명을 넘어서는 안 된다고 규정하고 있었는데 본 조문이 2014년 6월 5일 일부 개정되어 유한책임회사 설립 시 주주수를 50명으로 제한하도록 하였다(제5조 제1항). 그러나 회사 설립 이후 주주의 수에는 아무 제한이 없다.

나. 주주의 권리

주주의 권리는 회사법 및 정관으로 정할 수 있으나 이익배당권, 주주총회 참석권 및 의결권, 잔여재산분배권은 주주의 근본적인 권리이다(제3조 제3항). 그러나 보통주 주주냐 우선주 주주냐에 따라 서로 다소의 차이가 있다.

의결권. 보통주주는 주주총회에 참석하여 의결권을 행사할 수 있는 포괄적 권리를 가지나(제34조 제1항) 회사법으로 일정한 안건에 대하여 그 의결권을 제한할 수 있다(제34조 제6항). 반면에 우선주주는 원칙적으로 의결권이 없으나 회사법, 정관 및 우선주 발행 결의의

내용으로서 일정한 안건에 대하여 의결권을 행사할 수 있다(제35조 제1항). 이익배당권. 우선주주는 다른 주주에 비해 이익의 배당을 우선적으로 받을 수 있으며(제35조 제1항 제1호), 보통주주는 우선주 이익배당 후 잔여이익을 배당 받고 배당금 결정은 이사회 또는 주주총회가 한다(제34조 제1항 제2호). *잔여재산분배권*. 보통주주는 회사가 해산하는 경우 그 잔여재산을 분배 받을 권리가 있는데, 우선주주는 그 잔여재산에 대하여 적립배당금 및 자기 소유주식에 상응하는 청산가치 상당액을 받는다(제35조 제1항 제3호).

4. 회사의 기관 및 감사제도

법인 특히 회사의 경우 지배구조를 법으로 정하는 경우가 많다. 그 이유는 회사 내부에서의 이해관계의 균형을 이루고, 회사의 투자자 및 다른 이해관계자의 권익을 침해하지 않는 최소한의 제도를 마련하며, 회사 설립할 때 드는 비용을 절감하기 위함이다.[44]

(1) 주주총회

1) 주주총회 지위 및 분류

주주총회는 회사의 유형에 상관없이 회사의 최고의사결정기관이며(제59조 제1항), 1인 회사의 경우에는 그 주주가 주주총회의 권한을 행사한다(제59조 제2항). 주주총회에는 결산기마다 정기적으로 개최하는 정기총회와, 일정한 상황이 발생하였을 때만 개최하는 임시총

44) D.Ayush 외, *Business law* (교과서), 울란바타르, 2011, 27쪽.

회(제59조 제3항)가 있다.

2) 소집 시기 및 소집 요건

주주총회 소집 권리 · 의무는 이사회가 가지며, 이사회를 설치하지 않은 회사의 경우 집행임원이 그 권리를 행사한다. 정기총회는 매년 결산기 후 4월 이내에 소집 및 개최하여야 하며(제59조 제4항) 미개최 시 그 이사회 또는 집행임원은 주주총회 소집권 이외의 회사법 및 정관상의 모든 권한을 상실하고(제59조 제5항), 그 이후로 체결한 거래 및 계약은 무효가 된다(59조 제6항). 이렇게 엄격히 규정한 이유는 특히 주식회사들이 주주총회를 소집하지 않고 소수주주의 권리를 침해하는 사례가 종종 발생하고 있기 때문이다.[45]

임시총회는 이사회가 필요하다고 판단하였거나 정관상의 규정에 따라 언제든지 개최될 수 있으나, 이사회 인원수 결원, 독립이사 · 주주 · 감사위원회가 요구한 경우, 회사의 재무상태가 부실해진 경우 필히 소집한다(61조 제1항).

3) 주주총회의 권한

주주총회 권한을 오직 주주총회만이 행사하는 절대적 권한과 이사회 부존재 회사의 추가적 권한으로 나누어 볼 수 있겠다. 다음의 권한은 주주총회의 절대적 권한으로서 회사의 다른 기관이 결정할 수 없다(제62조 제1항). ①정관의 변경 ②회사의 재설립 ③채무의 주식전환, 신주발행 ④조직 변경 ⑤해산 및 해산관리위원회 선임 ⑥주식의 병합과 분할 ⑦이사의 선임과 이사의 임기만료 전 해임

---

45) 회사법(1999) 제정안 소개서.

⑧주주의 주식이나 기타 유가증권에 대한 인수우선권(제38조) 행사 여부 ⑨회사의 연간 영업보고서 및 재무보고서에 대한 이사회의 의견 논의 및 승인 ⑩이사회가 결정하지 못한 경우에 한하여 주요 거래(제11장) 및 이해상충 거래(제12장) 승인 ⑪자기주식 인수 승인 ⑫이사의 급여와 상여금 승인 ⑬ 이사회가 제출한 회사의 연간 사업내용, 조직구성, 재산 상태에 대한 보고서 승인.

유한책임회사의 경우 이사회가 없는 경우에 한하여 주주총회는 다음의 사항을 추가로 결의한다(제62조 제2항). ①유가증권 발행 ②집행임원의 권한 설정 ③회사의 집행이사 및 공동집행임원의 선임, 권한 설정, 임기만료 전의 해임 ④집행임원의 급여 및 상여금 ⑤집행임원이 제출한 회사의 연간 영업보고서 및 재무보고서 승인 ⑥회사의 외부감사기관 선임 및 계약 체결 ⑦이익배당금 책정 및 지급절차 결정 ⑧집행임원의 내부구조 구성 ⑨회사의 지점 및 지사 설치 ⑩회사의 자산 및 재산권의 시가(제55조) 책정. 그 이외에도 이사회의 절대적 또는 추가적 권한을 정관으로 정할 수 있다.

4) 결의 요건

주주총회에서 해당 사항에 관한 결의를 하기 위해 다음 3 가지 요건을 충족하여야 한다. 즉 ①회의 성립요건(의사정족수) ②결의 유효요건(의결정족수) ③서면투표 유효요건 등이 충족되어야 그 결의가 효력이 있다.

<u>회의 성립요건</u>. 기본적으로 회사의 의결권 있는 주식 중 100분의 50 이상을 보유하는 주주가 참석하여야 회의가 효력이 있는 것이 원칙이지만(제69조 제1항) 정관에 의해 그 이상으로 정할 수 있다(제69조 제2항). 그러나 주주총회 의사정족수가 기본 기준에 달하지 못하

면 회의를 보류해 회의소집일을 새로 정한다(제69조 제3항). 보류회의 의사정족수는 의결권의 100분의 20 이상으로 하지만(제69조 제4항) 위의 주주총회 절대적 결의사항 ① 내지 ⑥ (이하'특별결의사항'이라 한다)에 해당하는 경우 그 기준을 의결권 있는 주식의 3분의 1 이상으로 규정하고 있다(제69조 제5항). 주주총회가 보류일 후 20일 이내에 개최되지 못한 경우 그 의사정족수 기준은 처음 소집기준과 동일하다(제69조 제9항).

결의 유효요건. 주주총회 결의는 이사 및 이사회 없는 경우 집행임원의 선임을 제외하고 원칙적으로 의결권 있는 주주의 과반수가 찬성하면 그 효력이 생기는데(제63조 제5항) 특별결의사항은 의결권 있는 주주의 대다수의 찬성[461]을 요구하고 있다(제63조 제7항). 이 경우 주주총회에 참석한 주주를 기준으로 한다. 그러나 유한책임회사의 경우 이사, 이사회 없는 경우 집행임원 선임은 예외적으로 후보자 중 가장 많이 득표한 자로 한다(제63조 제6항).

서면투표 유효요건. 몽골 회사법상 서면투표제도가 있으며 정기총회를 제외하고 회의소집 없이 서면투표를 시행할 수 있다. 이 경우 의결정족수는 총 의결권의 100분의 50 이상을 보유하는 자의 투표로 하며 투표자 중 과반수가 찬성하여야 한다(제73조 제7항).

(2) 이사회

1) 이사회 지위 및 인원수

이사회는 주주총회 미개최 시 회사의 의결기관이며(제75조 제1항) 주

---

461 대다수의 찬성이란 회의 참석자의 3분의 2이상이 찬성하는 것을 말한다.

식회사에 반드시 있어야 하지만 유한책임회사에는 없어도 무방하다(제75조 제2항). 이사회 인원수를 정관에 정하는 것이 원칙이며(제75조 제3항), 주식회사나 국영회사의 경우 9인 이상으로 하되 그 중 3분의 1 이상이 독립이사이어야 한다(제75조 제4항). 독립이사를 선임하지 못한 주식회사의 이사회는 권리능력이 없는 것으로 보니 5일 이내 주주총회를 재소집한다(제75조 제6~7항). 반면에 유한책임회사는 이사회 인원수에 관한 요건이 없으며 정관에 의하여 독립이사를 둘 수 있다(제75조 제5항).

2) 이사회 내부구조

이사회는 내부적으로 임시 및 상임 위원회를 둘 수 있으며(제81조 제1항) 주식회사의 경우 감사 · 보수 · 후보추천 위원회를 필히 설치하여야 한다(제81조 제2항). 이 경우 위원회의 3분의 2 이상은 독립이사로 한다.

3) 이사회의 권한

어느 지배구조에서나 이사회가 회사의 전략을 수립하고, 경영진을 선임하여 그에게 회사의 일상 업무를 맡긴다. 따라서 이사회가 집행임원의 선임과 해임, 회사의 재무구조 결정, 조직변경 계획, 이익배당과 경영진의 보수 등을 결정한다.[47]

몽골 회사법도 이 범위 내에서 이사회가 다음의 법정 권한을 행사도록 규정하고 있다(제76조 제1항). ①회사의 영업활동 방침 결정 ②정기 · 임시 주주총회 소집 및 그에 관한 기타 사항 결정 ③신주

[47] D.Ayush 외, 앞의 책, 31쪽.

또는 유가증권의 발행 ④자산 및 재산권의 시가 책정 ⑤자기주식 등의 매수 및 회수 ⑥집행임원의 선임 · 해임, 그의 권한, 집행임원과의 계약조건, 보수, 책임의 범위 등의 결정 ⑦외부감사기관의 선임 및 계약조건 결정 ⑧회사의 연간 영업보고서 및 재무보고서 검토 ⑨이익배당금 책정 및 지급절차 결정 ⑩이사회 · 집행임원의 업무수행규칙, 지배구조에 관한 내부규칙 설정 ⑪회사의 지점 및 지사 설치 ⑫회사의 재설립에 관한 주주총회의 결의안 준비, 결의내용 집행 ⑬주요거래(제11장) 및 이해상충거래(제12장)의 승인.

4) 회의 소집 및 결의 요건

이사회는 회의제 기관으로서 이사 개인의 단독적인 결의는 회사의 결의가 될 수 없으며, 몽골 회사법에 의하면 이사회 결의가 회사 내부에서는 의무적 준수규범이다.[48]

이사회 소집 시기는 정관으로 정할 수 있으나 특별한 규정이 없으면 매월 개최한다(제80조 제1항 본문). 그러나 필요에 따라 그 이상의 소집도 가능하다(제80조 제1항 단서). 회사법은 이사회의 인원수가 소정의 수로부터 2배 감소된 경우 3개월 이내에 임시회를 개최하도록 규정하고 있다(제80조 제8항).

주식회사의 경우 이사회가 위의 ④, ⑦ 및 이해상충거래에 대한 결의를 할 때에는 반드시 독립이사들이 참석하고 의사를 표명하여야 한다(제76조 제2항). 회의는 이사회 의장, 이사, 집행임원 및 정관상에 소집권자로 인정한 자가 제시하거나 요구한 경우에 한하여 소집된다(제80조 제3항).

[48] D.Ayush 외, 앞의 책, 33쪽.

이사가 이사회에 직접 참석하여 결의하는 것이 원칙이나 서면 투표도 허용된다(제80조 제4항). 일반적으로 회의 의사정족수는 이사의 대다수가 출석해야 충족되며(제80조 제5항), 출석이사의 대다수의 찬성으로 결의의 효력이 생긴다(제80조 제6항 본문). 다만 의결정족수는 정관에 의하여 그 이상의 기준을 설정하는 것도 가능하다(제80조 제6항 단서). 예외적으로 주요거래에 관한 결의는 이사의 만장일치로 하고(제88조 제1항), 이해상충거래에 관한 결의는 동 거래와 이해관계 없는 이사의 과반수의 찬성으로 한다(제92조 제1항). 각 이사가 1개의 의결권을 가지지만(제80조 제9항), 회사법이나 정관에 의하여 의결권이 제한된 이사가 있는 경우에는 의결권 있는 이사의 대다수의 찬성으로 결의한다(제80조 제7항).

(3) 집행임원

1) 법적 지위 및 회사와의 관계

집행임원은 회사의 업무집행기관으로서 이사회 또는 이사회 없는 경우 주주총회와의 계약에 의하여 회사의 일상업무를 관리 및 경영한다(제83조 제1항). 집행임원은 공동집행임원 및 집행이사를 말하며 회사는 그 중의 어느 하나를 둘 수 있다(83조 제2~3항). 집행임원이 1인일 경우에 회사의 집행이사라고 하며(제80조 제3항), 수인일 경우에는 공동집행임원이라고 한다.

회사법 제84조 제5항에서 "의사결정권자의 회사와의 노동계약서에 달리 정함이 없는 경우..."라고 명시하고 있고, 현재 실무에서도 회사가 집행임원과 계약할 때 노동계약을 이용하고 있다. 이 경우 집행임원이 근로자의 지위에 놓이게 되고, 노동법의 보호를 받게 되니 실제로 집행임원의 해임이 어려워진다는 문제점이 있다. 노동계약은 고용인에 비하면 약한 지위에 있는 노동자를 보호하고 약자의 권리를 상대방과 균등하게 유지하는 것을 목적으로 하기 때문이다. 그러나 이론적으로 집행임원은 오히려 회사에 비하면 통제력이 더 강한 자로서 집행임원이 노동법의 보호를 받게 하는 것은 권한의 불균형을 발생시킨다는[49] 비판이 있다. 따라서 집행임원의 권한과 책임에 관하여 계약 양당사자가 동시에 보호장치를 마련하여야 하기 때문에 이 경우 유상사무처리계약(민법 제359조 제1항)을 하는 것이 더 타당하다고 보는 견해도 있다.[50]

2) 집행임원의 자격, 선임 · 해임

집행임원은 이사일 수는 있지만 이사회 의장은 집행임원이 될 수 없다(제80조 제4항). 회사의 집행임원으로서 집행이사도 이사라는 명칭을 사용하고 있을 뿐 반드시 이사회의 구성원 즉 이사일 필요는 없다. 공동집행임원들은 이사회와 합의하여 그 중의 1인을 대표자로 선임하며 그는 집행이사의 임무를 수행한다(제83조 제13항). 이사의 선임과 해임은 이사회가 하는데(제76조 제1항제8항) 이사회를 설치하지 않은 유한책임회사의 경우 주주총회가 한다(제62조 제2항 제3호). 집행임원이 1인이든 수인이든 이사회 또는 이사회가 없는 경우 주주총회가 언제든지 권한을 중지시킬 수 있다(제83조 제15항).

49) B.Amarsanaa, 앞의 책(2012), 22쪽.

50) F.Connell and N.Tsogt, 앞의 책(2008), 90쪽.

3) 업무집행권 및 대표권

집행임원은 이사회, 이사회가 없는 경우 주주총회와 계약을 체결하고 임무를 수행한다(제83조 제6항). 본 계약의 내용으로는 집행임원의 의무와 권리, 책임의 범위와 한도, 면책사유, 급여 및 상여금 등의 사항을 정한다(제83조 제7항). 집행임원은 대외적으로 임무수행에 관하여 위임 없이 회사를 대표할 수 있다(제83조 제8항).

수인의 집행임원 즉 공동집행임원은 이사회와 상의하여 대표자와 기타 임원들의 업무분장, 상호관계 조정, 대표자 선임 규칙, 대표자의 의무 · 권리 · 책임 등의 사항을 반영한 내부업무규칙을 작성 및 준수하여야 한다(제83조 제10~9항).

(2) 감사제도

1) 내부감사제도

가. 감사위원회의 설치

이사회가 필요에 따라 특정의 기능을 가진 상설 및 임시 위원회를 설치할 수 있다(제81조 제1항). 이는 해당사항에 대한 검토결과를 이사회에 보고하며, 일부 사항에 대하여 결정권을 행사한다(제81조 제3항). 그 중에 주식회사의 감사위원회는 법정의 의무적 상설기관이며 위원의 3분의 2이상 또한 위원장이 독립이사일 것을 요구한다(제81조 제2항). 유한책임회사의 경우 감사위원회는 설치 여부를 자치적으로 결정할 수 있는 임의기관이다.

나. 감사위원회의 기능

감사위원회는 ①회사의 회계정책과 회계처리의 국제회계기준과의 부합성, 내부통제관리 및 위험관리, 재무제표 및 기타 재무 · 경제정보의 확실성 ②내부통제관할부서 담당자와 직원의 선임 및 급여 · 보수 책정 ③외부감사기관의 선정 및 보수 ④주요거래 및 이해상충거래에 대한 감시 ⑤정관에 규정하거나 이사회가 필요하다고 판단한 기타 사항에 대한 의견을 이사회에 제출한다(제81조 제4항).

2) 외부감사제도

가. 감사인

회사가 재무제표에 대한 감사 및 확정, 경제 · 재무 활동에 대한 포괄적 · 부분적 감사를 받기 위하여 감사기관 즉 감사인을 선임할 수 있으나 정관에 달리 규정한 경우 그에 따른다(94조 제1항). 반면에 주식회사는 감사인을 선임할 의무가 있다(94조 제2항). 감사인을 선임하고 계약을 체결할 권한은 감사위원회에 있는데 감사위원회 미설치 회사의 경우 주주총회에 그 권한이 이전된다(94조 제3항). 감사인과의 계약은 감사인의 의무와 권리, 책임, 감사인의 보수에 관한 사항을 필히 기재한다(제94조 제4항).

나. 감사인의 자격

회사법은 ①회사의 이해관계자, 회사의 의사결정권자, 이들과 이해관계 있는 자, 회사 또는 계열회사의 고용인, 의사결정권자 ②회사 또는 그의 이해관계자가 발행한 유가증권 혹은 그들과 연관이 있는 기타 자산 및 재산권을 소유하는 자 ③감사업무 외에 회사와 거래관계가 있는 자를 감사인으로 선임할 수 없는 자로 규정하고 있으며(제94조 제13항) 이에 위반한 경우 그의 감사의견서는 무효로 본다(제94조 제14항).

다. 감사 시기

감사는 정기 및 임시 감사가 있다(제94조 제5항). 정기감사는 연간 재무제표를 감사 및 확정하기 위하여 실시하고(제94조 제6항), 임시감사는 이사회, 감사위원회 또는 보통주의 100분의 10이상을 보유하는 주주가 요구하면 언제든지 할 수 있다(제94조 제7항).

라. 감사의견

감사인이 검토한 자료에 의하여 작성한 감사의견은 다음의 정보를 포함한다. ①회사의 재무제표상의 내용이 정확한지 여부 ②회계장부 기록과 재무제표가 해당규정에 따라 작성되었는지 여부 ③당해 감사기간에 해당하는 자기거래의 목록 작성, 거래절차가 회사법사의 규정에 따라 적절하게 이루어졌는지 여부 ④주식회사의 경우 유가증권시장법에 관한 법령, 금융관리위원회 및 유가증권거래 관리기관에서 정한 기타 정보 ⑤회사의 정관 및 감사계약상에 정한 기타 정보(제94조 제16항).

5. 회사법의 구성

회사법[51]은 14장, 101조항으로 구성되어 있으며 2013년 10월 3일, 2014년 6월 5일, 마지막으로 2015년 1월 29일 3 차례에 거쳐 일부 개정되었다. 회사법은 회사의 형태와 규모 등을 불문하고 모든 회사를 적용대상으로 하고 있지만 예외적으로 은행 · 금융 · 보험 · 유가증권 회사의 설립 및 운영외의 공통사항, 국영기업 또는 지방자치단체기업의 운영, 국가 · 지방자치단체 참여기업의 이사 · 독립이사 · 집행임원의 선임, 이사회내 위원회, 이사회 비서 등의 특별관계도 이 법의 적용을 받도록 명시하고 있다. 회사 외의 영리를 목적으로 하는 법인에는 회사법이 적용되지 않는다. 다음 표에 법의 각 장章과 조문의 제목을 정리해 보았다.

〈표1〉 몽골 회사법의 구성표

제1장	총칙	법의 목적, 적용범위
제2장	회사, 법적 지위	회사와 그의 형태, 주식회사, 유한책임회사, 회사의 결합 (종속회사 및 자회사, 인접회사, 참여회사 등), 지사와 지점, 영업목적, 설립기간, 주주와 회사의 책임, 상호 및 소재지
제3장	회사설립	설립, 발기인, 신규설립, 설립총회, 설립등기, 정관, 정관변경 및 변경사항등기
제4장	회사의 재설립, 해산, 채무의 주식전환	재설립, 신설합병, 흡수합병, 분할, 회사변형, 재설립에 관한 주주의 권한, 채무의 주식전환, 해산, 청산절차, 해산회사 자산의 주주에 대한 분배, 해산공고
제5장	자본금, 주식, 기타 유가증권	회사의 자본금 및 자기자본, 자본금 증감, 주스, 수권주 및 발행주, 보통주주와 우선주주의 권한, 황금주, 주식에 해당하는 유가증권, 주식매수우선권(신주), 주식전환 유가증권, 주식매수선택권(option), 사채, 유가증권발행 결의, 주식가액 및 유가증권가액 결정, 유가증권가액 납입, 명의개서
제6장	이익배당, 회사자산의 처분	이익배당, 이익배당 요건, 회사자산 처분권 제한
제7장	회사의 자기주식 매수	유가증권 회수, 우선주 회수, 주식의 병합 · 분할, 유가증권 회수요건, 주주의 청구에 의한 자기 주식 매수, 주식매수청구권 행사 절차, 자산 및 자산권의 시가산정

51) State Bulletin, 2011, No42 최초 제정본, http://legalinfo.mn/law/details/310?lawid=310 개정본(검색일 2015.4.02.).

제8장	지배주식 매수	지배주식과 매수, 주주에 대한 주식 매수제의, 회사의 지배주식매수 공고
제9장	회사의 기관	주주총회, 주주총회 소집결의, 임시주주총회, 주주총회의 권한, 주주총화 결의 유효요건, 주주총회 참여, 주주총회 소집통지, 주주총회 의제사항 제안, 주주총회 투표위원회, 주주총회 참여 절차, 주주총회 정족수 및 주주총회 유효요건, 주주총회와 결의에 대한 불복, 투표용지, 투표용지 유효 인정, 결석 투표, 주주총회 회의록, 이사회, 이사회 권한, 이사선임 및 임기전 해임, 이사회 의장, 독립이사, 이사회 회의, 이사회 비서, 집행임원
제10장	회사의 의사결정권자의 책임	회사 의사결정권자, 회사 의사결정권자 책임, 주주의 제소권
제11장	주요거래	주요거래, 주요거래 실행
제12장	이해상충 거래	이해상충인, 이해상충거래로 인한 손해배상, 이해상충거래 당사자에 관한 요건, 이해상충거래 절차, 이해상충거래절차 위반 효과
제13장	회사의 경제 · 재무 활동에 대한 감사	회사의 재무 및 영업활동에 대한 회계감사, 회계 및 재무제표, 회사서류 보관, 회사정보취득, 이해관계자 및 그에 대한 정보 취득
제14장	기타	위법자의 책임

제2절
몽골에서의 회사의 운영실태

I. 회사의 운영실태

회사에 관한 법률관계를 규율하는 최초의 기업법이 제정된 시기인 1990년 말기에 합동조합이 1,810개, 개인공장 800개, 개인사업자 3,795명이 사업 활동을 하고 있었다.[52] 그 이후 회사법(1999) 제정 당시 9,000개의 회사가 등기되어 있었으며 대략 80만 명이

52) 몽골공화국 정부, 기업법(1991) 제정안 소개서, 1991.04.18.

회사의 주주로 있었다.[53]

현재 몽골에 등기되어 있는 사업체가 총 110,416개, 적극적 사업활동 하는 사업체가 56,079개 있는데, 회사의 형태가 그 중 가장 많아 43,410개 즉 77.41% 차지하고 있다.[54] 국가등기소에 등기되어 있는 유한책임회사 및 주식회사를 포함한 사업체의 현황은 다음과 같다.

〈표2〉 가동중 사업체 통계

	기업종류	근로자 인원수				합계	비율(%)
		1~9인	10~19인	20~49인	50인 이상		
1	사원 전원이 무한책임 조합	941	118	13		1,072	1.91
2	사원 일부가 무한책임 조합	767	50	10		827	1.47
3	협동조합	2,022	161	41	11	2,235	3.99
4	주식회사	92	34	42	85	253	0.45
5	유한책임회사	38,979	2,065	1,318	795	43,157	76.96
6	국유기업	57	11	17	18	103	C.18
7	지방자치단체 참여 기업	137	32	24	34	227	C.40
8	예산기업	1013	877	1,348	807	4,045	7.21
9	비정부기관	3,481	274	139	38	3,932	7.01
10	기타	128	41	45	14	228	C.41
11	총 합계	47,617	3,663	2,997	1,802	56,079	˙00

※ 출처: 몽골 통계청(National Statistical Office of Mongolia), http://1212.mn/contents/stats/contents_stat_fld_tree_html.jsp 2014.10.17

〈표2〉에서 보면 사업체라는 개념 하에 조합, 합동조합, 회사,

53) 회사법(1999), 제정안 소개서.

54) 몽골 통계청, 가동중 사업체 통계, http://1212.mn/contents/stats/contents_stat_fld_tree_html.jsp (검색일 2014.10.17.).

국유기업, 비정부기관 등의 10가지 조직체를 기준으로 통계를 내고 있다. 그 중 회사의 형태로 활동하는 기업방식이 가장 많은 것으로 보인다.

회사에 관한 부분을 따로 분리해 분석해 보면(표2) 유한책임회사와 주식회사가 합해서 43,410개이며 유한책임회사 형태가 제일 많아 99.4%를 차지하고 있고, 그 중에 근로자 수가 1~9명인 소규모의 회사가 90.3%로 가장 많은 것으로 보인다.

〈표3〉 회사의 유형별 비율

	기업종류	근로자 인원수				합계	비율(%)
		1~9인	10~19인	20~49인	50인 이상		
1	주식회사	92	34	42	85	253	0.58%
		36.4%	13.4%	16.6%	33.6%	100%	
2	유한책임회사	38,979	2,065	1,318	795	43,157	99.42%
		90.3%	4.8%	3.1%	1.8%	100%	
3	총 합계					43,410	100

직원의 인원수를 통계기준으로 하는 것은 경제적 측면에서 회사의 규모를 측정하기 위한 기준인 뜻하다. 그러나 회사법학 입장에서 볼 때 주주수에 따라 분류하는 통계도 필요하다고 본다.

Ⅱ. 회사법에 관한 소송 건수

몽골의 사법위원회The Judicial General Council of Mongolia에서 매년 사법통계자료를 게시하고 있으며, 회사법 개정 후 2011~2014년 회사법에 관한 소송건수와 그의 다른 민사소송과의 차이점을 소개하겠다.

〈표4〉 2011~2014년 회사법에 관한 소송 건수[55]

No	연도	민사소송				
		총 건수	민법	가족법	노동법	회사법
1	2011년	30,368	11,568	4,449	897	24
2	2012년	27,792	11,796	3,878	742	16
3	2013년	35,314	12,738	4,276	1,080	18
4	2014년	33,996	14,708	4,207	1,377	8
5	합계	127,470	50,810	16,810	4,096	66

〈표4〉에서 보면 몽골에서 민법 소송이 가장 많고 4년간 50,810건 있었는데, 회사법 소송이 66건 밖에 없었고 소송 건수가 많지 않은 것으로 보인다. 이는 아직 실무에서 회사법의 활용도가 많지 않다는 것을 의미하기도 하지만, 사법적 관여를 최저로 하여야 한다는 회사법의 처음의 취지의 영향 때문인 것으로도 판단된다.

제3절
한국 회사법과의 비교

한국 회사법과 몽골 회사법이 취하는 공통점과 차이점을 회사의 형태, 주식과 주주, 회사의 기관 등을 기준으로 비교검토해 보겠다. 두 법의 명문의 규정을 살펴보면 공통점이 많지만, 서로 뿌

55) 몽골 대법원, "몽골의 사법통계 2012년", *Supreme Court Review* 2012, 004/105, 50~52쪽; 사법위원회, "몽골의 사법통계 2013년", "몽골의 사법통계2014년", http://www.judcouncil.mn/file/cmyk_last.pdf (검색일 2015.04.29.).

리가 다르고 법이 변천해 온 과정에서 각 국가의 사회적 · 경제적 발전과 변화를 적극적으로 반영하였기 때문에 상이한 점도 다수 존재한다. 그 중에서 서로의 특징적인 차이점, 특히 양국 회사법제도에 존재하지 않거나 서로 큰 차이점을 보이는 개념이나 규정을 발견하고 비교하는 것은 두 법을 이해하는 데에 더 큰 도움이 될 것이라 생각된다.

I. 회사법의 연혁 및 입법취지

두 나라의 지나 온 역사와 문화가 다른 만큼 회사법도 당연히 많은 차이점을 가지고 있다. 그 중에 가장 근본적인 차이점과 서로 없는 독특한 제도를 정리하도록 하겠다.

1. 한국 상법 입법 성격

한국의 회사법은 상법 안에 존재하며 "회사"라고 불리는 제3편이 바로 그것이다. 상법 제3편은 제169조 내지 제637조의2까지 회사의 정의, 형태, 설립부터 기관, 재무관계, 회사의 소멸 등 회사라는 기업 형태의 "조직과 운영에 관한 기본적인 사항을 다루고 있으며 상법 전체에서 가장 중요한 부분으로서"[56] 회사법이라고 한다.

회사법은 상법의 일부로서 그의 입법사는 상법이 제정 · 개정된

---

56) 송옥렬, 『상법강의』 제4판, 홍문사, 2014, 3쪽.

역사와 관련이 있다. 상법전의 제정을 담당하였던 법전편찬위원회의 상법분과위원회는 1949년 2월 10일 상법의 기초에 착수하고 1957년 11월 21일 초안 작성을 완료하였으나 국가재건최고회의 상임위원회 심의를 통과하고 제정에 이르게 된 것은 무려 1962년 1월 20일이며 1963년 1월 1일부터 시행되었다.[57] 이렇게 상법 초안이 작성되었을 때부터 제정되기 까지 10년 넘게 걸린 것이다. 그리고 제정 후 1984년에 최초로 개정되기까지 20년이나 긴 기간이 필요했지만 그 이후 회사 편에 관한 개정은 수차례에 거쳐 이루어졌다. 마지막으로 2014년 5월 20일 일부 개정되었으며 공포된 날부터 시행되고 있다.

처음 법전편찬위원회가 상법안을 작성할 때 일본의 상법을 기초로 하였으니 내용은 이른바 의용상법과 비슷하였으나 법제사법위원회 상법안심의소위원회의 심의를 거쳐 비교적 영미회사법상의 제도를 수용하게 되었다. 이런 선택은 당시 정치적 · 사회적 상황과 관련이 있는 것으로 보이며 미국 회사법의 차후 영향력을 감안한 판단이었다.[58]

2. 몽골회사법 입법 성격

1990-2000년도에 그 당시 유럽의 전환경제국가들 중 대부분이 프랑스, 독일의 민법과 상법의 법리, 회사의 기관, 지배구조 등을 모델로 각 나라의 개별적 회사법을 만들었다. 예외적으로 폴란드의 경우 세계 2차 대전 이전에 사용하였던 상법을 다시 회복시켰다.[59]

---

57) 한국상사법학회, 『주식회사법대계』 I권, 법문사, 2013, 4쪽.

58) 주식회사법대계, I권, 5~7쪽.

이와 비슷한 상황에 있었던 몽골의 경우 전 사회주의국가들과 달리 역사상 기업활동을 조정하는 법률 등이 없었다. 따라서 유럽의 전환경제국가들의 민법, 상법, 기업법 등을 연구한 결과 헝가리의 회사법을 기준으로 최초의 기업법을 제정하였음은 위에 서술한 바와 같다. 그 이후 1995년에 조합 및 회사법이 제정되었지만 오직 회사라는 기업형태의 법률관계를 조정하는 법이 제정된 것은 1999년이다. 현행 회사법은 2011년에 기존의 회사법을 전부 개정한 것이며 일반적으로 "새 회사법"이라고 부르는 경우도 있다.

몽골회사법은 영미법계[60] 및 유럽 대륙법계 국가들의 민법과 상법 등의 영향을 간접 또는 직접적으로 받아 왔으며[61] 그로 인해 법의 적용과 해석상 적지 않은 어려움을 겪고 있다.

Ⅱ. 회사의 형태

회사는 기본적으로 '법인격, 유한책임, 주식의 양도 가능성, 이사회체제에서의 경영 위임, 투자자에 의한 소유'라는 다섯 가지 법적 특성을 가지고 있으며[62] 각 나라의 회사법이 이 특성 내지 요소를 어떻게 조절하느냐에 따라 회사의 형태가 결정되며 분류되기도 한다.

한국회사법은 합명회사, 합자회사, 유한책임회사, 주식회사, 유한회사 등의 5가지 회사 형태를 규정하고 있으며 이것은 "기업형

---

59) I.Idesh, 앞의 논문, 2~5쪽.

60) 어떻게 영미법계의 영향을 받게 되었는지는 본 논문 13~14쪽 참조.

61) I.Idesh, 앞의 논문, 9쪽.

62) Reinier Kraakman 외, 『회사법의 해부』, 김건식 외 역, 소화, 2014, 22쪽.

태의 제반요소를 서로 공평하고 합리적이며 효율적으로 연결하여"[63] 만든 것이다. 몽골회사법의 경우 유한책임회사, 공개주식회사, 폐쇄주식회사를 규정하고 있다.

이와 같이 회사의 기본 형태 또는 종류를 회사법으로 정하고 있지만, 그 외의 분류도 있다.[64] 본 논문에서 학설상 분류 및 경제적 분류를 기준으로 한국회사법과 몽골회사법상의 회사의 형태를 살펴보도록 하겠다.

1. 인적회사 vs. 물적회사

인적회사와 물적회사로 분류하는 가장 기본적인 요소는 사원의 개성과 회사자본의 어느 쪽을 기초로 하느냐에 있다.[65] 인적회사의 기초는 사원의 개성과 사원간의 신뢰관계인 만큼 사원의 수가 적고 지배구조의 결정과 회사의 경영에 직접 참여를 요구하며, 사원이 회사의 채무에 대하여 무한책임을 지는 조합적 실체를 가진다. 이러한 성질은 사원이 노무나 신용도 출자할 수 있게 한다.

반대로 물적회사는 사원이 출자한 재산을 기초로 하므로 사원의 수가 많고, 사원의 목적은 자기 투자에 대한 이익을 얻는 것에 그치기 때문에 경영에 직접 참여할 인센티브가 적고, 사원은 회사에 대한 출자의무만을 완수하면 그의 채무에 대하여 아무 책임을 부담하지 않는 이른바 유한책임의 혜택을 누린다. 이러한 성질은

63) 이철송, 『회사법강의』(제22판), 박영사, 2014, 82쪽.

64) 회사의 형태를 법원(法源), 설립준거법, 회사의 자본과 목적 등에 의해 일반법상회사와 특별법상회사, 내국회사와 외국회사, 내자 · 외자 · 합작 · 다국회사, 상사회사와 민사회사로 분류하기도 한다. 한국사법행정학회, 『주석상법』제4판, 제3편 회사, 서울: 한국사법행정학회, 2006, 80~92쪽.

65) 한국사법행정학회, 앞의 책, 83쪽.

주식을 자유롭게 양도할 수 있게 하고, 회사 채권자를 보호하기 위해 자본금에 대한 규제를 요구한다.[66]

위의 설명에 따르면 한국 회사법상 합명회사는 전형적인 인적회사이며 주식회사는 전형적인 물적회사이다. 그렇다면 그 중간의 형태로서는 합자회사, 유한회사, 유한책임회사가 존재하는데 합자회사는 인적회사, 유한회사와 유한책임회사는 물적회사로 구분할 수 있다.

그러면 몽골 회사법상 회사는 어떠한가? 우선 유한책임회사든, 주식회사든 주주는 회사의 채권자에 대한 책임이 없고 오직 회사에 대한 출자의무만 갖고 있다. 또한 회사법 제3조 제1항에서 회사는 "주주의 출자한 재산이 일정한 주식으로 분할되고, 독립된 자본을 보유하는, 영리를 기본 목적으로 하는 법인"이라고 정의하고 있어 자본을 기초로 하고 있다. 이 정의는 모든 형태의 회사에 해당된다. 따라서 몽골 회사법은 오직 물적회사에 대하여 규정하고 있다고 볼 수 있다.

그러나 유한책임회사의 중요한 특징은 이사회 제도나 감사제도 등의 기관을 회사내에 둘 것인지 여부는 주주들의 선택 사항이며, 이사회를 두지 않는 경우 주주총회는 이사회의 기능을 하고, 정관에 의해 정할 수 있는 임의규정이 주식회사에 비해 많다는 점 등을 고려해 보면 물적회사에 인적회사의 성질을 가하였다고 볼 수 있다. 따라서 몽골에 전형적인 인적회사는 없다.

몽골에는 회사의 인적 및 물적 성질에 대한 논의가 거의 없다고 볼 수 있다. 생각건대, 이런 논의가 없으니 "지배구조에 관하여

---

66) 송옥렬, 앞의 책, 707쪽.

1인 내지 2인 주주로 구성된 회사에 불필요한 규정이 많이 있다"[67]는 비판을 받게 되었을 지도 모른다. 이런 소규모의 회사에 인적회사의 성질이 강하다는 이론적 논의를 감안하였다면 보다 현실적인 개정이 이루어지지 않았을까 생각된다.

2. 폐쇄회사 vs. 공개회사

한국에서는 법정의 분류는 아니지만 회사의 주주의 수, 주식양도의 제한 여부, 주식의 공모 여부, 증권시장에 대한 계속공시의무 부담 등의 기준에 따라 주식회사를 강학상講學上 폐쇄회사와 공개회사로 구분하고 있다. 공개회사는 주식의 공모와 시장에서의 자유로운 유통이 가능하고, 증권시장에 계속적으로 회사정보를 공시해야 하는 큰 규모의 회사이다. 폐쇄회사는 주주가 가족이나 일부의 투자자로 한정되고, 정관에 의해 주식의 양도를 제한할 수 있으며, 회사정보를 공시할 의무가 없는 소규모의 회사이다. 이런 회사의 경우 주식회사법 규정을 적용하는 것이 적절하지 않을 수가 있어 회사법을 임의규정으로 해석하거나 주주간의 합의에 구속력을 인정할 필요가 생길 수 있다. 이런 경우를 대비하여 이렇게 이론상의 구분을 마련한 것이다.[68]

몽골회사법은 1999년 회사법을 제정할 때 유한책임회사를 폐쇄회사로, 주식회사를 공개회사로 정의하였는데 법이 2011년에 개정되면서 유한책임회사에서 폐쇄라는 용어를 배제하고, 대신에 폐쇄

---

67) B.Amarsanaa, 회사들이 더 커지고 싶어도 그 자리만 돌고 있다. 기사. http://vip76.mn/content/22665 (검색일 2014.09.25.).

68) 송옥렬, 앞의 책, 708쪽.

주식회사라는 회사형태를 신설하였다. 폐쇄주식회사의 주식은 공개주식회사와 달리 증권거래소가 아니라 증권예탁기관에 등록되어 거래소 외의 시장에서 비공개적으로 거래된다. 그러나 그 외의 주식회사에 관한 규정은 거의 똑같이 적용되고 있다.

반면 유한책임회사도 유한책임 있는 주주들로 구성되어 있고, 회사 설립시 외에는 주주의 수에 대한 제한이 없다는 점에서 주식회사와 같다. 그러나 명문의 제한은 없지만, 실제로 몽골에서 사업하고 있는 대부분의 유한책임회사들은 한 가족이나 몇 명의 투자자 등의 소수주주들로만 구성되어 있고, 주식의 양도를 정관으로 제한할 수 있으며, 회사의 정보를 공시할 의무가 없다는 점을 고려해 보면 위의 한국 법학상의 폐쇄회사에 대한 이론이 적용되어야 한다고 본다.

3. 회사의 운영실태

2014년 1월 한국에서 총 822,685개의 회사가 등기되어 있는데 그 중 주식회사가 754,948개, 유한회사가 50,415개, 합자회사가 14,746개, 합명회사가 2,441개, 유한책임회사가 135개인데,[69] 2014년 말 기준으로 실제 활동 중인 회사는 517,805개이다.[70]

반면에 몽골에 2014년 4월 기준으로 가동중 회사의 총수는 43,410개, 그 중 주식회사는 253개, 유한책임회사는 43,517개로 유한책임회사의 형태가 99.42%를 차지하고 있다.

---

69) 이철송, 앞의 책, 87쪽.

70) 국세청, 2014년 법인세 신고 현황/소재지 업태별 http://stats.nts.go.kr/national/major_detail.asp?year=2014&catecode=A08001 (검색일 2015.04.02.).

〈표5〉 한국 및 몽골의 회사의 운영실태 비교표

No	한국의 현황			No	몽골의 현황		
	회사의 형태	개수	비율		회사의 형태	개수	비율
1.	합자회사	14,746	1.79%	1.	합자회사	–	–
2.	합명회사	2,441	0.30%	2.	합명회사	–	–
3.	주식회사	754,948	91.77%	3.	주식회사	253	0.58%
4.	유한책임회사	135	0.02%	4.	유한책임회사	43,157	99.42%
5.	유한회사	50,415	6.13%	5.	유한회사	–	–
	합계	822,685	100%		합계	43,410	100%

〈표5〉을 보면 한국에서는 주식회사, 몽골에서는 유한책임회사가 압도적으로 많음을 알 수 있다. 한국에서는 이에 관한 법리적 이유로서 주식회사만이 가지고 있는 특성 즉 주식의 양도성, 의사결정의 1주 1의결권의 원칙, 증권시장에 상장하거나 화사사채를 발행해 대중으로부터 자금조달 할 수 있는 편리함 등을 말할 수 있으나, 주식회사 이외의 회사들은 영세한 회사라는 이미지와, 행정법규에서 입찰자격, 인허가적격 등을 정하면서 주식회사에서만 존재하는 일정 금액 이상의 자본금을 그 요건으로 하는 경우 등의 사회문화적 환경 및 행정적 이유도 있다고 본다.

몽골에 유한책임회사가 압도적으로 많은 것은 다음 몇 가지 이유가 있을 수 있다. 우선 최초의 회사법(기업법 1991)이 제정될 때부터 주식을 증권시장에서 거래할 수 있는 주식회사와 그렇지 않은 유한책임회사의 2가지 형태만 존재해 왔다. 회사가 대중으로부터 자금조달을 하고 싶으면 주식회사를 설립하고, 그 외에는 유한책임회사를 설립할 수밖에 선택의 여지가 없었다. 2011년에 회사법이 개정되면서 폐쇄형 주식회사를 신설하였지만 아직은 그 활용도에 대한 논의가 없다. 또한 몽골에 증권시장이 아직 많이 발달되어 있지 않는 점과 유한책임회사 설립절차가 주식회사를 설립하여 상장회사로 등록하는 것보다 쉽다는 점도 영향이 있다고 본다.

Ⅲ. 회사의 기관

한국에서 주식회사의 형태가 제일 많이 활용되고 있고, 회사의 지배구조상으로 한국 상법상의 주식회사가 몽골 회사법상의 주식회사 및 유한책임회사와 서로 가장 많이 유사하다는 점 등을 고려해 회사기관의 비교 대상으로 위의 3가지 회사만 검토해 보겠다.

1. 주주총회

몽골 회사법상[71] "주주총회는 회사의 최고의사결정기관"이라고 하여 그의 법적 지위를 정하고 있다. 한국에서 이런 명문의 규정은 없으나 강학상 최고의사결정기관이라고 인정하고 있다.[72]

한국 상법상 주주총회의 권한으로 주로 회사의 기본적 사항에 관련되거나 주주의 이해관계에 중요한 영향을 미치는 사항을 열거하고 있다. 그 권한을 ①회사의 기본구조에 관한 사항 ②회사의 기관을 구성하는 권한 ③주주에게 재산적 이해관계가 있는 사항 등으로 구분할 수 있으나[73] 몽골 회사법상의 주주총회 권한은 절대적 결의사항 및 이사회 없는 유한책임회사의 추가적 결의사항으

71) 몽골 회사법상 주주총회에 대하여 본서 40~43쪽 참조.
72) 송옥렬, 앞의 책, 885쪽.
73) 송옥렬, 앞의 책, 886쪽.

로 나눌 수 있다. 비교대상이 되는 회사들의 주주총회 결의사항 중 공통되는 것은 정관변경, 합병, 분할, 해산, 조직변경, 이사의 선임·해임, 이익배당의 결정 등이다.

주주총회가 정기총회 및 임시총회로 구분되는 것은 동일하나 소집시기 및 소집요건에 다소의 차이가 있다. 한국 상법상 정기총회는 재무제표의 승인을 위하여 연 2회 이상의 결산기를 정한 회사를 제외하고 매년 1회(제365조 제1항, 제2항) 결산기로부터 3개월 이내에 소집되어야 하는데(제354조 제2항), 몽골 회사법상 정기총회의 목적은 동일하나 소집시기는 결산기로부터 4개월 이내로 한다. 임시총회는 한국 상법상 필요 있는 경우에 수시로 소집할 수 있으나(제365조 제3항), 몽골 회사법상 소집요건을 명시하고 있다. 이렇게 임시총회 소집요건을 열거하고 있는 것은 입법방법론적 문제가 있다고 본다. 물론 이는 그 요건이 충족되었는데도 불구하고 소집하지 않은 경우 그에 대한 책임을 물을 수 있도록 허용하는 것이지만, 반면에 법정의 요건 외의 필요한 상황이 발생하였는데도 임시총회 개최로 불이익을 받는 자가 악의로 임시총회의 소집을 막을 수 있는 법적 근거가 될 수도 있다.

일정 수 이상의 출석으로 회의가 성립하는 것을 의사정족수라 하고, 그 중 일정 수 이상의 찬성으로 가결되는 것을 의결정족수라 한다. 한국상법상 두 요건이 존재하고 있었는데 1995년 개정법으로 의사정족수 요건을 폐지하고, 발행주식총수의 일정 수 이상의 찬성을 추가요건으로 입법하였다.[74] 주주총회 결의는 보통결의(제368조 제1항) 및 특별결의가(제434조) 있다. 보통결의는 출석한 주주의 의결권의 과반수와 발행주식 총수의 4분의 1 이상의 찬성으로써 결

74) 송옥렬, 앞의 책, 916쪽.

의가 이루어지는데 이를 정관에 달리 정할 수 있다. 특별결의는 출석한 주주의 의결권의 3분의 2 이상의 수와 발행주식총수의 3분의 1 이상의 수로써 하는 결의이다. 반면에 몽골 회사법은 주주총회 결의 요건으로 의사정족수와 의결정족수 모두를 요구하고 있다. 원칙적으로 의결권의 과반수의 출석으로 회의가 성립되고 참석하고 있는 의결권 있는 주주의 과반수의 찬성으로 결의가 이루어진다. 특별결의사항은 의결권의 대다수의 찬성을 요구한다. 이는 한국 상법이 1995년에 개정하기 전과 동일한 것이다.

2. 이사회

한국 상법상의 이사회는 이사 전원으로 구성되고 회사의 업무집행에 관한 의사결정 및 이사의 직무집행의 감독을 담당하는 주식회사의 필수적인 상설기관이다. 그러나 이사회는 회의체기관이기 때문에 업무집행에 관하여 의사결정을 하는 것뿐이고 대표이사가 구체적인 업무집행을 한다.[75] 이사회는 3명 이상의 이사로 구성되어야 하는데, 자본금 총액이 10억 원 미만인 소규모의 회사는 1명 또는 2명을 두고 이사회를 구성하지 않아도 된다(제383조). 몽골 회사법상의 이사회[76]는 주주총회의 정기총회 또는 임시총회 미개최 시 회사의 의결기관이다. 일반적으로 인원수는 회사의 정관으로 정하는데 주식회사 및 국유기업의 경우 9인 이상으로 하여야 한다. 주식회사에서는 사외이사 선임이 이사회 설립의 유효여부를 결정한다. 즉 사외이사를 선임하지 못하면 권리능력이 없는 것으

75) 송옥렬, 앞의 책, 967쪽.

76) 몽골 회사법상의 이사회에 대하여 본서 43~46쪽 참조.

로 본다. 유한책임회사의 경우 이사회가 없어도 된다.

한국의 상장회사의 이사회 및 몽골의 주식회사의 이사회는 그의 하부조직으로 후보추천위원회(제542조의8 제4항) 및 감사위원회(제542조의11 제1항)를 필히 설치하고 그의 구성원으로서 사외이사를 두어야 한다. 그러나 몽골회사법상 주식회사는 추가로 이사, 집행임원, 의사결정권자의의 급여 및 상여금 책정에 대한 사항을 관할하는 보수위원회를 설치하여야 한다(제81조 제6항). 한국 상장회사의 후보추천위원회는 사외이사의 후보만을 추천하는 것이 목적인데 몽골 주식회사의 후보추천위원회는 이사, 집행임원, 독립이사 등의 후보자에 관한 사항을 관할한다(제81조 제5항). 감사위원회 구성원의 3븐의 2 이상을 사외이사 또는 독립이사로 하여야 한다는 점은 두 나라가 동일하나, 한국 상장회사의 하부조직인 사외이사 후보추천위원회의 경우 사외이사가 위원의 과반수가 되도록 정하고 있다.

이사회 권한으로서 양국의 상법 및 회사법상 열거된 것을 서로 비교 해 보면 너무나 다양하고 전체적으로 일치하지는 않지만 서로가 유사한 면이 상당히 많아 보인다. 이는 한국 상법으로 규정하고 있는 이사회와 몽골 회사법이 예상하고 있는 이사회가 같은 의사결정기관이기 때문에 당연한 것이라 판단된다.

한국 상법상 이사회 소집은 원칙적으로 이사가 할 수 있으나(제390조 제1항) 2011년 상법이 개정되면서 감사(제412조의4)와 집행임원(408조의7)의 소집권을 인정한 규정을 신설하였다. 감사나 집행임원은 회의의 목적사항과 소집이유를 서면에 적어서 먼저 이사나 소집권자로 지정된 이사에게 제출하고 이사회 소집을 청구하여야 하고, 이사가 거절한 경우 감사는 이사회를 바로, 집행임원은 법원의 허가를 받아 이사회를 소집할 수 있다. 몽골 회사법상으로는 이사회 의장,

이사, 집행임원 및 정관상에 소집권자로 지정한 자가 이사회의 소집을 제시하거나 요구할 수 있다.

이사회 결의요건에 관하여 의사정족수와 의결정족수 기준을 따르고 있는 것은 두 법이 동일하다. 일반적 결의요건은 한국 상법상 이사의 과반수의 출석과 출석이사의 과반수의 찬성(제391조 제1항 본문), 몽골 회사법상 이사의 대다수의 출석과 그 출석이사의 대다수의 찬성으로 결의할 수 있어 몽골 회사법상의 규정이 보다 가중된 것으로 보인다. 그러나 정관으로 그보다 높게 정할 수 있는 것은 동일하다(상법 제391조 제1항 단서, 회사법 제80조 제6항 단서). 그 외의 특별한 경우에 한하여 결의요건을 달리 정하고 있다. 한국 상법상 회사기회이용의 승인(제397조의2 제1항), 자기거래의 승인(제398조), 감사위원의 해임(제415조의2 제3항) 등은 이사 총수의 3분의 2 이상의 찬성을 요하고 있고, 몽골 회사법상 주요거래에 관한 결의는 이사의 만장일치로, 이해상충거래에 관한 결의는 이 거래와 이해관계 없는 이사의 과반수의 찬성으로 결의요건을 가중하고 있다.

3. 대표이사 및 집행임원

한국 상법상의 대표이사제도에 상응하는 제도로 몽골 회사법상의 집행임원제도[77]가 있다. 대표이사는 회사의 업무를 집행하고 동시에 회사를 대표하는 필요적 상설·독립기관이라고 정의하고 있다. 이사회는 회의체기관이므로 업무집행 행동을 실제로 할 수

77) 몽골 회사법상의 집행임원제도에 관하여 본서 46~48쪽 참조.
한국도 2011년 개정법으로 집행임원제도를 신설하였으나 편의상 한국 상법상 대표이사제도와, 몽골 회사법상의 집행임원제도를 비교대상으로 하겠다. 따라서 특별한 상황을 제외하고 본 부문에서는 별도로 각 법의 제목을 명시하지 않겠다.

없고, 회사도 권리능력을 가지고 있어도 회사의 행위를 할 수 없기 때문에 그 역할을 전부 맡길 수 있는 자연인으로 대표이사를 정하고 있다. 대표이사의 지위에 대하여 파생기관설(소수설) 및 독립기관설(다수설)이 대립한다.[78] 반면에 몽골 회사법상 이사회는 의결기관이고, 집행임원은 회사의 업무집행기관이자 일상업무의 관리 · 경영 기능을 한다고 명문의 규정을 두고 있기 때문에 애초부터 각자 독립기관이라고 본다.

대표이사는 이사이어야 하며, 이사회의 결의나 정관으로 정한 경우 주주총회에서 선임할 수 있다(제389조 제1항). 집행임원은 이사일 수 있지만 반드시 이사일 필요는 없다. 또한 이사회 의장은 집행임원이 될 수 없다.

대표이사는 회사와 위임관계에 있기 때문에 민법의 위임에 관한 규정이 적용된다. 따라서 당사자는 위임계약을 언제든지 해지할 수 있고(민법 제689조 제1항), 이는 대표이사의 경우 사임, 회사의 경우 해임이 된다. 이사가 사임하는 경우 정당한 사유 없이 회사의 불리한 시기에 계약을 해지하면 그에 따른 손해를 배상할 책임이 있다(민법 제689조 제2항). 회사가 대표이사를 해임할 때에는 선임기관이 이사회인 경우 이사회 결의로, 정관으로 주주총회에서 선임하도록 한 경우 주주총회 보통결의로 해임한다. 그 외에 회사의 해산 · 파산, 대표이사의 사망 · 파산 · 성년후견개시(민법 제690조) 등의 법정사유로, 임기가 만료되거나 정관에서 정한 자격을 상실한 경우에도 종임된다.[79]

반면에 몽골법상 집행임원은 이사회와 계약을 체결하도록 규정하고 있는데, 회사법에 마침 회사가 집행임원과 노동계약을 체결

---

78) 송옥렬, 앞의 책, 977쪽.

79) 송옥렬, 앞의 책, 978쪽.

할 것을 요구한 것 같이 규정하고 있고, 실무에서도 흔히 노동계약을 체결하고 있으나, 이 경우 집행임원이 노동법의 보호를 받게 되므로 쉽게 해임하지 못하는 상황이 종종 생기고 있다. 게다가 이는 집행임원의 권한을 언제든지 중지시킬 수 있다고 규정하고 있는 회사법상의 조문[80]과 모순되는 것 같다.

대표이사나 집행임원이나 회사의 일상업무 집행권을 가지는 것은 동일하다. 그러나 "일상업무"라는 개념 자체가 매우 추상적인 내용이라 일괄적으로 그 범위를 정하기가 어렵다. 한국의 경우 대부분의 회사에서는 이사회의 결의를 요하는 사항을 열거한 이사회 규정을 두고 있으며, 그 중에서 금액으로 기준을 정한 주요거래 외의 사소한 거래는 대표이사가 결정할 수 있도록 그의 업무집행권 범위를 정하고 있다.[81]

대표이사의 대내적 업무집행권은 수인이 행사할 수 있는데 이 경우 ①각자 단독으로 수행하는 것이 원칙이나 ②제389조 제2항의 공동대표이사가 되어 공동으로 업무를 집행할 수 있다. 집행임원의 경우 업무집행권자가 1인일 경우에 회사의 집행이사라고 하고, 수인일 경우에는 공동집행임원이라고 한다.

대표이사의 제3자에 대한 대외적 대표권은 업무집행에 관하여 재판상 또는 재판외의 모든 행위를 할 수 있고, 그 대표권을 제한하여도 선의의 제3자에게 대항할 수 없으므로 포괄적 · 획일적 성격을 가진다.[82] 집행임원도 업무집행에 관하여 대외적으로 위임 없이 회사를 대표할 수 있다.

---

80) 몽골 회사법 제83조 제15항.
81) 송옥렬, 앞의 책, 980쪽.
82) 송옥렬, 앞의 책, 981쪽.

03

이사의 지위 및 의무

제1절
개관

이사의 책임에 관한 논의를 하기 전에 우선 그 책임의 주된 주체인 이사 및 그의 지위, 이사가 부담하는 의무에 대하여 알아보는 것이 순서적으로 맞다고 생각한다. 제2절에서 이사, 그의 자격, 종류, 선임 · 해임 · 임기에 대하여 몽골 회사법을 위주로 소개하고, 제3절에서 이사의 의무에 관해 한국 상법은 간단히, 몽골 회사법은 보다 상세하게 서술하고자 한다.

제2절
이사

I. 의의

이사는 이사회의 구성원이다. 이사회는 주식회사의 경우 필히 존재하여야 하는 의무설치기관이나, 유한책임회사의 경우 그 규모와 특성에 따라 선택할 수 있는 임의기관이다(제75조 제2항). 즉 유한책임회사는 정관에 이사회를 설치하도록 정하지 않는 이상 이사회를 두지 않아도 된다. 따라서 이사는 주식회사나 이사회를 설치한 유한책임회사에서만 존재한다.

II. 이사의 종류

회사법상 이사를 특별히 구분하고 정의한 것은 없으나 제77조 제4항에 의하면 이사를 일반이사 및 독립이사로 구분할 수 있다. 이는 주식회사와 유한책임회사를 불문하고 모든 회사에 동일하다.

회사의 등기에 관한 사항은 회사법이 아니라 "법인등기법"의 적용을 받도록 규정되어 있으며(제15조 제2항), 이에 따르면 이사는 등기사항이 아니다. 대신 회사를 설립할 때 집행임원의 성, 부명父名, 본인 이름, 주민등록증 사본 등을 등기소에서 보관하며(법인등기법 제11조 제1항 제10호), 회사의 사업등록증에 그의 성명을 기재하고 있다. 따라서 이사를 등기를 하였는지 여부에 의하여 구분하지 않는다.

Ⅲ. 이사의 자격

법인은 이사가 될 수 없고 반드시 자연인이어야 하며(제77조 제3항 단서), 기업지배구조에 관한 연수를 받은 자로서 증명서를 소지하고 있어야 한다(제75조 제8항). 그리고 반드시 회사의 주주일 필요는 없다. 이는 이사에 대한 기본적인 요건이라 할 수 있는데 그 외에 독립이사를 제외하고는 이사의 자격에 대한 제한은 없다. 다만 이사가 이사회의 구성원인 동시에 회사의 의사결정권자(제84조 제1항)이기 때문에 의사결정권자의 결격 사유의 적용을 받는다. 따라서 모든 이사는 그 종류와 상관없이 국가 또는 지방자치단체(관공서) 및 군인·사법·검찰 기관에서 임원으로 근무하는 자이거나 수형자인 경우 이사가 될 수 없다(제84조 제3항).

독립이사에 대하여는 위의 일반적 요건에 더하여 추가적 결격 사유를 규정하고 있다(제79조 제1항). 독립이사는 주주일 수 있지만 자신이 단독으로 또는 자기 특수관계인과 같이 회사의 보통주 총수의 100분의 5 이상을 보유하는 경우 독립이사가 될 수 없다. 또한 회사에서 혹은 회사가 참여자로 있는 회사결합(제6조 제14항)의 다른 참여회사(제6조 제16항)에서 현재 종사하고 있거나 최근 3년간 종사한 사실이 없어야 한다. 이는 그의 특수관계인에 대하여도 마찬가지이다. 독립이사는 제한적인 범위에서 공무원일 수는 있으나 회사와 사업관계에 있는 자일 수는 없다. 마지막으로 회사법은 정관에 의하여 독립이사의 다른 결격 사유를 자치적으로 규정할 수 있도록 허용하고 있으며 이는 주주들에게 자기 이익을 보호할 수 있는 장치로서 큰 의미가 있다고 본다.

Ⅳ. 이사의 선임 · 해임 · 임기

이사는 일반적으로 주주총회에서 선임한다(第77조 제1항). 이사를 선임하는 방법으로 직접 투표 및 집중 투표가 있는데, 직접투표란 가장 많은 의결권을 행사할 수 있는 자가 이사회에 자기 대리인을 선임할 수 있게 하는 제도이고, 집중투표는 주주가 자기 의결권 전체를 하나의 후보자를 위하여 쓰거나 다수의 후보자를 위하여 나누어 투표할 수 있도록 하는 제도이다. 몽골 회사법은 유한책임회사의 경우 직접투표(제63조 제6항), 주식회사의 경우 집중투표의 방식을 마련하고 있다.[1]

그러나 이사의 선임절차는 회사법 및 정관으로 정할 수 있게 함으로서(제77조 제1항) 그 적용의 우선순위에 관한 문제를 야기하고 있다. 이는 동 조문을 임의규정으로 보느냐 강행규정으로 보느냐의 문제로 이어진다. 주식회사의 이사는 오직 집중투표에 의하여 선임하여야 하며 집중투표에 관한 규칙은 금융관리위원회가 결정한다(제77조 제4항). 따라서 법이나 정관으로 이사선임절차를 정할 수 있는 회사는 유한책임회사뿐이며, 이는 인적회사의 성격을 가진다는 것을 감안하면 정관이 더 우선적으로 적용될 수 있다고 보는 것이 타당하다. 독립이사는 이사회의 후보추천위원회가 추천한 자로 선임한다(제79조 제1항).

이사의 임기는 보통 1년으로 하는 경우가 대부분인데, 교대의 방식으로 선임하는 회사에서는 그 기간이 다를 수 있다. 교대 선임 방식이란 이사 중 일부가 일정한 기간에 의하여 주기적으로 선임

1) D.Ayush 외, *Business law* (교과서), 울란바타르, 2011, 29쪽.

되는 방식이다. 예를 들어 이사회가 9명으로 구성되어 있으면 첫 해에 3명이 바뀌고, 다음 해에 다른 3명, 3번째 해에는 마지막 3명이 바뀌는 것이다. 몽골 회사법은 이사를 교대로 선임하는 것과 1년 기간으로 선임하는 것을 허용하고 있다.[2]

이사의 임기는 정관에 다른 정함이 없는 한 다음 연도의 정기총회까지로 하고 있으며 재선임이 가능하다(제77조 제2항). 이사는 임기만료 전에 특별한 이유가 없어도[3] 해임할 수 있으나 이 경우 임시주주총회 결의로 한다. 집중투표에 의해 선임한 경우 오직 이사회 전원에 대하여만 해임할 수 있다(제77조 제3항 본문). 그 외에 이사는 임기 중에 사임할 수 있고, 임기가 만료되고 주주총회에서 재선임하지 않으면 퇴임할 수도 있다.

제3절 이사의 의무

I. 의의

회사법은 기업형태의 구조를 결정하고 지속적으토 유지하는데 필요한 부수적인 운영규칙을 정하는 기능도 하지만 그 외에 기업의 경영자 같은 내부자와 주주 같은 외부자 등 회사와 이해관계자 사이의 이익충돌 이른바 대리문제를 통제하는 기능을 한다고 본다.[4] 이 경우에 가장 기초적인 통제수단이 이사의 사후적 책임을

2) D.Ayush 외, 위의 책, 31쪽.

3) D.Ayush 외, 위의 책, 29쪽.

추궁하는 것인데, 우선 무엇이 이사의 의무인지를 확정해야 책임 추궁이 가능해진다.[5]

영미법에서 이사는 회사에 대하여 신인의무fiduciary duty를 진다고 하고, 신인의무를 다시 주의의무duty of care와 충실의무duty of loyalty로 구분한다. 이렇게 구분하는 것은 책임면책 정도의 측면에서 차이가 있다. 이사가 주의의무를 위반한 경우 경영판단의 원칙에 의하여 비교적 쉽게 면책될 수 있지만 충실의무가 문제되는 경우 추가로 그 거래가 전체적으로 공정하다는 점이 입증되어야 한다.[6]

한국 상법상 이사의 의무를 주의의무와 충실의무로 구분하는가에 대하여 동질설(다수설)과 이질설(소수설)이 대립한다. 그러나 몽골 회사법에서는 최초의 기업법(1991)부터 이사의 주의의무와 충실의무에 관한 규정이 입법적으로 존재하여 왔고 회사법이 제정 및 개정되면서 더 구체적으로 규정이 되었지만 아직은 이론적인 논의와 구분이 부족한 실정이다.

Ⅱ. 이사의 주의의무 및 충실의무

1. 한국 상법

(1) 선관주의의무(duty of care)

한국회사법상 이사가 회사와 위임관계에 있으므로(제382조 제2항) 회

---

4) Reinier Kraakman 외, 『회사법의 해부』, 김건식 외 역, 소화, 2014, 70쪽.

5) 송옥렬, 『상법강의』 제4판, 홍문사, 2014, 998쪽.

6) 송옥렬, 위의 책, 999쪽.

사에 대하여 선량한 관리자의 주의로써 위임사무를 처리하여야 할 의무가 있다(민법 제681조). 이는 이사의 의무중 가장 기본적이면서 고도의 인적신뢰를 기초로 하는 매우 높은 주의의무로, 이사는 회사경영의 주체라는 중요한 지위에 있기 때문에 그에 상응하여 회사에 대하여 상당한 정도의 주의를 하여야 한다는 의미를 가진다.[7] 그러나 이사가 직무수행에 있어서 사익을 추구하지 말아야 할 의무도 선관의무에 포함된다는 것이 동질설의 입장이다.[8] 선관의무를 구체화시킨 내용으로서 감시의무, 이사회 또는 감사 · 감사위원회에 대한 보고의무(제393조 제4항, 제412조의2, 제415조의 제2항 제7호), 비밀유지의무(제382조의4), 이사회출석의무 등이 있다.

(2) 충실의무

1998년 상법을 개정하면서 "이사의 충실의무"라는 조항(제382조의3)을 신설하였다. 이는 이사에게 법령과 정관의 규정에 따라 회사를 위하여 충실하게 그 직무를 수행할 의무를 부담시킨 것이다. 따라서 이사는 회사에 대한 자신의 지위를 이용하여 사익 또는 제3자의 이익을 추궁할 목적으로 회사의 이익을 침해하는 행위를 하지 못하도록 한 것이다.[9]

이에 따라 선관의무와 별도로 영미법상의 충실의무를 인정하고 수용한 것인가, 그 내용과 범위의 있어서 차이가 무엇인가에 대하여 견해의 대립이 있었다. 동질설의 입장은 "충실의무"는 본래의 이사의 선관의무를 구체화한 것에 불과하다고 보는 반면에 이를

---

7) 한국상사법학회, 『주식회사법대계』 II권, 법문사, 2013, 576쪽.

8) 송옥렬, 앞의 책, 1004쪽.

9) 주식회사법대계 II, 573쪽.

선관의무와 별도로 영미회사법상의 개념인 충실의무duty of loyalty를 도입한 것으로 보는 견해는 이질설의 입장이다.[10] 그러나 판례는 상법상의 선관주의의무와 충실의무를 구별하여 별개의 의무로 인정하지 않고 있다.[11]

이사의 충실의무의 핵심적인 내용으로서 이사는 회사의 이익과 이사의 개인적인 이익이 충돌하는 경우에는 회사의 이익을 우선해야 한다. 이에 대비하여 상법상 이사의 경업 · 겸직금지(제397조), 회사기회이용금지(제397조의2), 자기거래금지(제398조, 제542조의9) 등의 규정을 마련하고 있다.[12]

(3) 의무의 상대방

이사가 의무를 부담하는 상대방이 누구인가에 대하여 통설은 이사가 회사와 위임관계에 있으므로 오직 회사에 대하여만 의무를 부담한다는 입장을 취하고 있다.[13]

2. 몽골 회사법

몽골 회사법에서도 이사의 주의의무 및 충실의무를 인정하고 있으며 이는 이사가 회사의 대리인으로서 자기 직무를 다할 수 있게 하는 법률적 장치 내지 지렛대[14]의 역할을 한다. 그러나 이사의 이런 의무는 몽골 회사법상 이사뿐만 아니라 회사의 업무집행

---

10) 주식회사법대계 II, 577쪽.
11) 송옥렬, 앞의 책, 1001쪽.
12) 주식회사법대계 II, 608쪽.
13) 송옥렬, 앞의 책, 1001쪽.
14) B.Amarsanaa, *기업지배구조 및 회사법에 관한 도전적 이슈*, 울란바타르, 2012, 27쪽.

을 담당하는 임원들도 부담하도록 규정하고 있어 보다 넓은 의미를 가진다.

(1) 주의의무

이사가 회사의 사업에 관한 결정을 하는데 있어 필요한 정보를 수집하고, 문제점을 파악하며, 회사의 업무에 충분한 주의를 기울여 합리적인 결정을 내린 경우 회사에 대한 주의의무를 다한 것으로 본다.[15]

몽골 회사법은 이사의 의사결정이 회사의 이익에 부합하고, 합리적인 근거를 바탕으로 할 것을 요구함으로서(제84조 제4항 제3호) 이사의 주의의무를 입법적으로 인정하고 있다. 그러나 "합리적인 결의"란 추상적이고 불확실한 개념을 가지고 이사가 주의의무를 다하였는지 여부를 판단할 수 없으니 그와 유사한 상황에서 직무를 수행하는 중간층의 임원을 그 판단 기준으로 하는 경우가 있다. 몽골 법체계에서는 아직 이런 기준이 자리 잡지 않고 있으니 이사의 책임성, 주의성, 지식과 능력 등을[16] 그 기준으로 제시하고 있다.

회사법은 이사의 주의의무로서 이사의 비밀유지의무(제84조 제4항 제6호, 제5항), 독립이사의 감시의무(제79조 제3항) 등을 규정하고 있다.

(2) 충실의무

충실의무는 이사가 그 임무를 이행하는데 있어 부정한 행위를 하지 않는 것을 주내용으로 한다. 이는 인간이 본질적으로 선의와 악의를 동시에 지닐 수 있다는 개념을 바탕으로 하는 것이며, 이사

---

15) D.Ayush 외, 앞의 책, 37쪽.

16) B.Amarsanaa, 앞의 책(2012), 28쪽.

에게 신뢰를 하되 그 이사가 동시에 부정하고 위법 행위를 할 수 있다는 점을 감안한[17] 개념이기도 하다.

충실의무는 이사의 주의의무에 비하면 보다 주관적 개념이긴 하나, 입법할 때 이사에게 금지되는 행위들을 열거하는 방식으로 그 범위를 정한다. 이런 목록은 이사의 행위의 동기, 의도, 목적 또한 상당히 추상적인 개념인 충실성을 기준으로 한다. 이사의 충실성은 이사가 자신의 이익보다 회사의 이익을 우선시 하였는지 여부를 가지고 판단하며[18] 이해상충거래, 임원들의 보수 및 대우, 회사기회 이용, 회사와 경쟁할 수 있는 사업 영위 등을 대상으로 규제를 한다.[19] 몽골 회사법도 이 중 일부 규제방식을 입법화하였다.

개정전 회사법은 "회사의 의사결정권자는 정관, 이사회(이사회가 없는 경우 주주총회)에서 규정한 내부규칙상의 의무를 이행하고, 회사의 이익을 위하여 그 업무를 충실히 한다(개정전 회사법 제81조 제2항)."라고만 규정하고 있었다. 이는 이사의 충실의무에 관한 한국 상법 제382조의3과도 매우 유사하다. 그러나 2011년에 법을 개정하면서 동조의 위치를 제84조 제4항으로 바꾸고 내용도 다르게 하였다. 현행법 제84조 제4항에서 열거된 이사의 의무를 전체적으로 보면 개정전 회사법에 있던 이사의 충실의무를 보다 구체화하고 설명하고자 노력한 것으로 보인다.

이사의 행위는 법과 정관으로 허용된 권한을 벗어나지 못하며, 그 직무를 수행함에 있어 회사의 이익을 최우선으로 하고, 회사법

---

17) D.Ayush 외, 앞의 책, 39쪽.

18) B.Amarsanaa, 앞의 책(2012), 28쪽.

19) D.Ayush 외, 앞의 책, 37쪽.

및 정관상의 의무를 엄격히 이행하여야 한다. 또한 회사의 이익을 위하여 이해충돌이 생기지 않도록 주의하고, 자기 직무에 관련하여 타인으로부터 보상금 등을 받을 수 없으며(제84조 제4항 제1~2호, 제4~5호), 회사의 명칭을 사익을 위하여 이용하거나 주주와 채권자에게 고의로 허위정보를 제공하는 것도 금지되어 있다(제85조 제2항 제1~2호). 그 외에 이사가 의사결정권자로서 정보제공의무(제98조 제1항), 서류 등의 보관의무(제97조 제1항), 이해상충거래 금지의무(제12장) 등의 의무를 부담한다.

(3) 의무의 상대방[20]

회사의 이익이 주주 등 회사의 이해관계자들의 이익과 충돌되는 경우 이사는 누구의 이익을 우선으로 하여야 하는가, 즉 이사가 과연 누구에 대해서 의무를 부담하는 것인가? 이는 주식회사의 경우 특히 문제된다.

몽골 민법에서 법인을 그 목적에 의하여 영리 및 비영리로 구분하고 있으며(민법33조 제1항) 회사는 영리법인에 해당한다. 영리성이란 경제적 이익을 의미하는 것이며, 회사를 둘러싼 이해관계자들은 경제적 이익을 추구하기 위하여 회사라는 "수단"을 이용하는 것이다. 이 경우 이사가 의사결정을 하는데 있어 회사, 이사를 선임한 주주, 주주 전원, 회사의 채권자, 직원들, 사업지역의 주민들, 넓은 의미로 사회의 이익 등을 고려해 볼 수 있을 것이다. 이들 중 이사가 존중해야 할 최우선의 이익을 정하는 것은 이사의 책임을 면제할 수 있는 근거가 될 수 있으므로 법적으로 중요한 역할을 한다.

---

20) B.Amarsanaa, 앞의 책(2012), 23~26쪽 요약.

회사의 직원은 안정성을, 채권자는 채무상환 기간 동안의 사업 활동을, 사회는 공공이익 및 환경을 보다 우선적으로 생각하기 때문에 그들의 이익은 회사의 영리성과 부합하지 않는다. 일반 주주의 이익을 우선으로 하면 다른 이해관계자의 이익을 침해할 가능성이 가장 높고, 이사를 선임한 주주의 이익을 우선으로 하면 회사의 이익이 후순위에 놓이고 그 결과로 경제적 불공평을 초래한다. 따라서 가장 합리적인 방법은 회사의 이익을 최우선으로 하는 것이며 이 경우 다른 이해관계자의 이익도 동시에 충족된다.

회사법도 이사가 회사의 이익을 우선으로 하도록 규정하고 있어 이사가 부담하는 의무의 상대방을 회사로 한정하고 있다. 이는 위의 서술 내용과 같은 취지인 것으로 이해하면 될 것이다.[21]

Ⅲ. 이사의 법정의무

1. 이사의 보고의무

(1) 한국 상법

이사의 보고의무는 한국 상법상에 인정되고 있으며 이사회에 대한 보고의무 및 감사 · 감사위원회에 대한 보고의무로 구분되고 있다.

이사회에 대한 보고의무. 상법 第393조 제4항에 따라 이사는 3월에 1회 업무집행상황을 이사회에 보고할 의무가 있다. 이는 이

21) 이 부분은 필자의 판단임.

사회의 활성화를 위한 조치이며 따라서 이사회는 최소한 3월에 1회 이상 개최되어야 한다.[22]

감사 · 감사위원회에 대한 보고의무. 이사는 회사에 현저하게 손해를 미칠 염려가 있는 사실을 알게 되는 경우 즉시 감사 또는 감사위원회에 보고하여야 한다(제412조의2, 제415조의2 제7항). 이는 대표이사 뿐만이 아니라 그러한 사실을 알게 된 이사이면 모두가 부담하는 적극적 보고의무이다. 반면 소극적 보고의무란 감사 또는 감사위원회의 정보요청이 있는 경우에만 부담하므로 적극적 보고의무와 구별된다. 보고사항은 반드시 위법할 것을 요하지 않으며 보고방법에도 아무런 제한이 없다.[23]

(2) 몽골 회사법

이사로 구성된 이사회내 위원회가 그 담당하는 업무에 관하여 이사회에 보고할 의무를 부담한다. 위에 서술했지만 이사회는 그 필요에 따라 다양한 위원회를 설치할 수 있으나 주식회사의 경우 감사 · 보수 · 후보추천 위원회를 필히 설치하여야 한다. 회사법은 그 위원회가 이사회에 보고할 사항을 열거하고 있으며(제81조 제2~6항), 정관으로 그 외의 사항도 의무화할 수 있다.

또한 이사는 자신과 이해관계 있는 자의 명부와 그에 대한 변경사항을 선임 후 10일 또는 변경이 있는 후 10일 이내에 이사회 비서에게 보고하여야 한다(제85조 1항).

이해충돌의 우려가 있는 경우 예컨대 이사가 회사가 계획하고 있는 거래에 대하여 다른 이사나 집행임원이 경제적인 이해관계를

22) 송옥렬, 앞의 책, 1009쪽.

23) 송옥렬, 앞의 책, 1010쪽.

가지고 있다는 사실을 알게 되는 경우[24]에는 물론이고 자신도 회사와 이해상충이 생기면 그 사실을 즉시 보고하여야 한다(제84조 제4항 제4호).

2. 비밀유지의무

(1) 한국 상법

상법 제382조의4에 따라 이사는 직무상 알게 된 회사의 비밀을 퇴임후에도 누설하지 못한다. 이사의 기업비밀유지의무를 구체적으로 명문화하지 않아도 이사의 선관의무의 내용으로서 그 의무가 인정된다. 그러나 퇴임한 후에도 그 의무를 지속적으로 부담한다는 점을 명확하게 하는 것이 본 조문의 취지이다.[25]

부정경쟁방지법 및 영업비밀보호에 관한 법률 제2조 제2항에 "공공연히 알려져 있지 아니하고 독립된 경제적 가치를 가지는 것으로서, 합리적인 노력에 의하여 비밀로 유지된 생산방법, 판매방법 그 밖에 영업활동에 유용한 기술상 또는 경영상의 정보"를 영업비밀로 정의하고 있으나 상법상 이사가 부담하고 있는 기업비밀은 재산적 가치가 있을 필요가 없다는 점에서 보다 폭넓은 의미를 가진다.[26]

(2) 몽골 회사법

이사는 의사결정권자로서 재임 중에 회사의 비밀을 타인에게

---

24) D.Ayush 외, 앞의 책, 38쪽.
25) 송옥렬, 앞의 책, 1010쪽.
26) 송옥렬, 앞의 책, 1010쪽.

누설할 수는 없다(제84조 제4항 제6호). 그러나 퇴임 후에도 그 의무를 부담하는지는 분명하지 않아 해석이 필요하다.

회사법은 의사결정권자가 회사와의 노동계약상에 다른 정함이 없는 경우 퇴임 후 3년간 비밀유지의무를 부담하도록(제84조 제5항) 규정하고 있다. 일반적으로 이사는 회사의 의사결정권자이긴 하나 회사와 노동계약을 하는 자가 아니기 때문에 제84조 제5항이 적용될 수 없는 것 같이 보인다. 따라서 위의 조문을 2 가지로 해석할 수 있다. ①이사는 퇴임 후에 이사의 지위를 상실하기 때문에 회사의 비밀유지 의무는 임기 중의 이사에게만 해당한다. 종임한 이사는 회사의 비밀을 누설하거나 사익을 위하여 이용하여도 손해배상책임을 부담하지 않는다. ②이사는 회사의 대리인으로서 집행임원 등의 업무집행 임원들과 같이 회사의 비밀을 다루기 때문에 퇴임 후에도 비밀유지의무를 부담하여야 할 것이다.

회사법은 이사 및 업무집행 임원들을 같은 지위에 있는 것으로 보고 의사결정권자란 명칭 하에 회사에 대한 손해배상책임을 동일하게 인정하고 있다. 그런데 비밀유지의무에 관하여 퇴임 후의 이사의 책임을 경감하는 것은 균형에 맞지 않으니 제84조 제5항이 이사에게도 적용되는 것이 타당하다고 본다.

회사가 자기 영위하는 사업과 관련이 있거나 시장 및 자신의 장점을 보호하는 목적으로 비밀정보, 기술, 프로젝트, 연구자료, 필요한 기계와 장비를 회사의 비밀로 정할 수 있다. 다만 그 비밀은 회사의 보호하에 있어야 하고, 누설된 경우 회사의 이익을 침해할 우려가 있어야 한다(다종기관의 비밀에 관한 법률 제4조 제2항, 제3조 제2항). 따라서 회사의 비밀로 정한 것이어야 이사에게 그 유지의무를 부과할 수 있다.

3. 경업 · 겸직금지 의무

(1) 한국 상법

상법 제397조에 따라 이사의 경업과 겸직을 제한하고 있으며 그 제한사항을 통틀어 「이사의 경업금지」라 한다. 이사의 경업을 금지하는 것은 이사가 그 지위를 이용하여 회사의 영업기회를 유용하는 것을 제한하기 위한 것이라면, 겸직을 금지하는 것은 이사가 회사의 업무에 전념하여야 한다는 당위성을 규범화하기 위한 것으로 본다.[27]

이사회의 승인이 있으면 이사의 경업과 겸직이 허용된다. 다만 자본금 총액이 10억원 미만의 소규모회사의 경우 주주총회 결의에 의하여 승인을 받을 수 있다(제383조 제4항). 이사회의 승인을 사전에 받는 것이 일반적인 원칙이지만 사후추인이 인정되는지 여부에 대하여 견해의 대립이 있다. 추인은 이사의 책임면제(제400조)와 같은 효과를 초래하므로 총주주의 동의가 있어야 한다는 근거로 인정될 수 없다는 견해가 있는 반면에 추인의 효과는 법령위반이라는 하자를 치유할 뿐이고 손해책임까지 면제하는 것이 아니라는 근거에서 사후추인이 인정될 수 있다는 견해가 있다.[28]

1) 경업금지의무

이사는 이사회의 승인이 없으면 자기 또는 제3자의 계산으로

---

27) 이철송, 『회사법강의』(제22판), 박영사, 2014, 726쪽.
이사의 겸직의무는 상법 제17조 상업사용인의 경우와 달리 그 범위를 동종영업을 목적으로 하기 때문에 본 조문이 이사가 직무에 전념하도록 하기 위한 것으로 설명하는 것이 타당하지 않고, 이해상충을 규제하는 취지로 보는 것이 옳다는 견해도 있다. 송옥렬, 앞의 책, 1015쪽.

28) 송옥렬, 앞의 책, 1016쪽.

회사의 영업부류에 속하는 거래를 할 수 없다(제397조). 자기 또는 제3자의 계산으로 하는 거래이어야 하기 때문에 그 거래의 경제적 효과가 귀속되는 자가 이사 또는 제3자이면 그 거래의 명의와 상관없이 적용된다.[29] 또한 이사가 제3자의 위탁을 받아 거래를 하거나 제3자의 대리인으로 거래하는 경우 제3자의 계산으로 한 것으로 본다.[30] 회사의 영업부류에 속하는 거래이기 때문에 회사의 정관상의 목적과 상관이 없다. 따라서 회사의 정관에 영업목적으로 기재되어 있어도 실제로 착수하지 않았거나 이미 폐지된 사업이라면 해당 사항이 아니다. 판례는 두 회사의 영업지역, 지분소유상황, 지배구조, 영업형태, 동일 또는 유사한 상호의 사용 여부, 시장에서의 인식 등에 비추어 두 회사 사이에 이익충돌의 여지가 있는지를 경업여부의 판단 기준으로 하고 있다.[31]

2) 겸직금지의무

이사는 이사회의 승인이 없으면 동종영업을 목적으로 하는 다른 회사의 무한책임사원이 되거나 이사가 될 수 없다(제397조). 동종영업이란 경업에서의 영업부류와 같이 해석되므로 정관상의 사업목록과 상관없이 실제 수행중인 영업을 기준으로 하는 것이 원칙이나 그 외에 판례는 동종영업을 준비하고 있는 회사의 이사를 겸직하는 경우(1993.4.9. 92다53583)와 동종영업을 준비하다가 사업개시 이전에 기존의 회사의 이사직에서 사임한 경우(1990.11.2. 90마745)에도 겸직금지의무를 위반하였다고 보고 있다.[32]

---

29) 송옥렬, 앞의 책, 1015쪽.
30) 이철송, 앞의 책, 727쪽.
31) 송옥렬, 앞의 책, 1015쪽.
32) 송옥렬, 앞의 책, 1016쪽.

(2) 몽골 회사법

회사법상 이사의 경업 또는 겸직의무에 대하여 아직 명문의 규정은 없으나 대신 집행임원이나 공동집행임원이 이사회(이사회를 설치하지 않은 회사의 경우 주주총회)의 승인을 얻은 후에야 다른 회사나 사업체의 임원이 될 수 있도록 규정하고 있다(제83조 제5항). 물론 이사의 겸직 및 경업을 회사의 정관으로 제한하는 것은 허용될 것이나 앞으로 입법화하는 것이 필수적이라 생각한다.

4. 자기거래 및 이해상충거래

(1) 한국 상법

1) 의의

상법 제398조에서는 이사와 주요주주 또는 소정의 특수관계인(이하 "이사 등"이라 한다)이 회사를 상대로 거래를 하는 경우 이사회의 승인을 얻도록 규정하고 있다. 이 경우 거래를 하고자 하는 자가 미리 그 사실을 이사회에 알려야 하고, 이사회 결의요건은 총 이사의 3분의 2이상의 수로써 그 효력이 발생하며, 거래의 내용과 절차는 공정하여야 한다. 구舊상법 제398조는 회사에 대한 거래의 상대방으로 이사만을 정하고 있어 강학상 「이사의 자기거래」라 불렀으나[33] 2011년에 상법을 개정하면서 주요주주와 소정의 특수관계인들도 적용대상으로 삼아 그 범위를 넓혔다.

이사 등이 자기거래를 통해 사익을 도모하기 위하여 회사의 이

33) 이철송, 앞의 책, 738쪽.

익을 침해할 우려가 있지만 다른 거래상대방을 찾을 수 없어 자기거래가 불가피한 경우도 있고, 거래의 유형상 불공정의 우려가 없을 수도 있다. 따라서 자기거래를 완전 금지하지 않고 이사회의 승인을 얻도록 한 것이다.[34]

2) 자기거래의 개념

상법 제398조에 의하여 규정되는 자기거래는 누구의 계산으로 하는지와 상관없이 이사 등의 회사와의 거래가 회사의 이익을 침해할 우려가 있는 경우에 해당한다. 이사 등이 거래상대방이 되는 거래는 직접거래, 형식적으로는 회사와 제3자 사이에 이루어지지만 이사 등에게 실질적인 이익이 귀속됨으로써 이해상충 문제를 불러일으키는 거래는 간접거래이다.[35]

3) 자기거래의 행위주체

이사 또는 주요주주. 상근 · 비상근, 사내 · 사외를 가리지 않고 모든 이사가 적용대상이 된다. 그 외에 이사와 같은 권한을 갖는 퇴임이사(386.1), 일시이사(제386 제2항), 직무대행자(제407조 제1항)도 이에 해당한다.[36] 주요주주란 회사의 의결권 있는 발행주식 총수의 100분의 10 이상의 주식을 소유하거나 이사 · 집행임원 · 감사의 선임 · 해임 등의 상장회사의 주요 경영사항에 대하여 사실상의 영향력을 행사하는 자를 말한다(제542조의8 제2항 제6호). 비상장회사에 대하여도 적용된다.[37] *특수관계인.* 특수관계인이란 ①이사 또는 주요주주의

---

34) 송옥렬, 앞의 책, 1017쪽.
35) 송옥렬, 앞의 책, 1018쪽.
36) 이철송, 앞의 책, 739쪽.
37) 송옥렬, 앞의 책, 1020쪽.

배우자 및 직계존 · 비속(398.2); ②이사 또는 주요주주의 배우자의 직계존비속(제398조 제3항); ③ 이사 또는 주요주주와 ①, ②의 자들이 단독 또는 공동으로 의결권 있는 발행주식 총수의 100분의 50 이상을 가진 회사 및 그 자회사(제398조 제4항); ④ 이사 또는 주요주주, ①, ②의 자가 ③의 회사와 합하여 의결권 있는 발행주식총수의 100분의 50 이상을 가진 회사(제398조 제5항)를 말한다.

4) 이사회의 승인

이사 등의 자기거래는 이사 전원의 3분의 2이상의 찬성으로써 이루어져야 하는데 이렇게 결의요건을 가중시킨 것은 자기거래가 회사의 재산에 미치는 위험성을 크게 평가하였기 때문이다.[38]

이사회의 승인을 받는 것이 원칙이지만 본조의 취지에 따라 주주 전원의 동의나 주주총회의 결의로써 이사회의 승인을 갈음할 수 있는지에 대하여 학설의 대립이 있다. 부정설은 제398조의 목적은 채권자를 보호하는 데에 있으니 이사회의 승인을 주주총회 등의 결의로 갈음한 경우 책임추궁이 불가능하기 때문에 허용할 수 없다고 보는데, 긍정설은 본조의 취지는 주주의 이익을 보호하기 위한 것이므로 그것이 가능하다고 본다. 판례는 긍정설을 취하고 있다.[39]

이사회의 승인은 미리 받아야 하며, 반복적으로 이루어지는 동종의 거래가 아닌 이상 포괄적인 승인은 허용되지 않고 각 거래별로 승인을 받는 것이 원칙이다.[40]

---

38) 이철송, 앞의 책, 733쪽, 745쪽.

39) 주식회사법대계 II, 701쪽.

40) 이철송, 앞의 책, 745쪽.

5) 이사의 개시의무

자기거래의 당사자인 이사 등이 「회사와 거래를 하기 위하여 해당 거래에 관한 중요한 사실」을 밝혀야 할 의무 즉 개시의무를 진다. 이것은 상법개정 전에 통설 및 판례상 인정하였던 의무를 명문화한 것이다. 따라서 거래에 대한 이사회 승인이 있다 하여도 이러한 사실을 알리지 않았다면 자기거래에 대한 승인이 이루어졌다고 볼 수 없다는 것이 판례(2007.5.10. 2005다4284)의 입장이다.[41]

6) 거래의 공정성

자기거래의 내용과 절차는 공정하여야 한다. 이 요건은 미국법상 「entire fairness」 기준을 본받은 것이다. 이 개념 자체가 불확정하고 입증이 사실상 불가능하다는 면에서 미국에서는 이사가 자기거래의 내용과 절차의 공정성을 입증함으로서 자기거래에 과한 사후적 책임을 면하기 위한 법리로 사용된다. 그런데 상법은 「공정성」을 자기거래의 사전적 요건으로 두고 있어 미국법상의 위 개념과는 다르다. 공정성이란 요건을 이사회 승인 등의 자기거래에 대한 다른 요건들과 같은 개념으로 이해하게 되면 거래의 불확실성이 높아진다. 따라서 공정성 요건의 의미는 이사에게 거래의 내용과 절차가 공정하도록 하여 회사에 손해가 발생하지 않도록 최선을 다할 의무 정도로 해석하는 것이 타당하다.[42]

7) 상장회사에 대한 특칙

상법 제542조의9는 주요주주 등의 상장회사와의 거래를 제한하

41) 송옥렬, 앞의 책, 1026쪽.

42) 송옥렬, 앞의 책, 1027쪽.

는 특칙을 두고 있다. 그 제한거래는 아예 금지되는 거래와 이사회의 승인을 요하는 거래로 구분할 수 있겠다.

금지되는 거래. 상장회사는 주요주주 및 그의 특수관계인, 이사, 업무집행지시자 등, 감사를 상대로 거래를 하거나 신용공여를 할 수 없다(제542조의9 제1항). 여기서 말하는 주요주주는 회사의 의결권 있는 발행주식 총수의 100분의 10 이상의 주식을 소유하거나 이사 · 집행임원 · 감사의 선임 · 해임 등의 상장회사의 주요 경영사항에 대하여 사실상의 영향력을 행사하는 자(제542조의8 제2항 제6호), 그의 특수관계인은 상법시행령 제34조 제4항에 열거된 자, 업무집행지시자 등이란 상법 제401조의2 제1항에 열거되어 있는 자, 신용공여란 금전 등 경제적 가치가 있는 재산의 대여, 채무이행의 보증, 자금 지원적 성격의 증권 매입, 그리고 담보제공, 어음배서, 출자의 이행을 약정하는 거래 등 신용위험이 따르는 거래를 뜻한다(제542조의9 제1항 단서, 시행령 제35조 제1항). *이사회 승인을 요하는 거래.* 자산총액이 2조원 이상인 상장회사(제542조의9 제3항, 시행령 제35조 제4항)는 최대주주와 그의 특수관계인, 그 상장회사의 특수관계인을 상대로 하거나 그를 위하여 일정 규모의 거래를 하려는 경우 이사회의 승인을 받아야 한다. 최대주주란 의결권 있는 발행주식총수를 기준으로 소유하는 주식이 가장 많은 자(제542조의8 제5조), 그의 특수관계인이란 주요주주의 경우와 동일한 자를 말한다. 거래의 규모는 단일 거래를 기준으로 자산총액 또는 매출총액의 100분의 1 이상인 거래(상법 제546조의9 제3항 제1호, 시행령 제35조 제6항), 특정인과의 거래총액을 기준으로 자산총액 또는 매출총액의 100분의 5 이상인 거래(상법 제546조의9 제3항 제1호, 시행령 제35조 제7호)를 뜻한다.

(2) 몽골 회사법

1) 의의

몽골 회사법에는 한국 상법에서의 자기거래와 상응하는 개념으로 이해상충거래에 관한 규정이 있다. 이해상충거래란 회사의 내부적 정보를 보유하는 자와 소정의 특수관계인이 당해 거래에 관하여 경제적 이해관계를 가지고 있고, 이것이 회사의 이해와 상충되는 것을 말한다.

이 경우 그 경제적인 이해관계는 직접적일 수도 있고 간접적일 수도 있다.[43] 직접적 이해관계란 회사의 의사결정권자 또는 그의 가족이 개인적으로 회사와 거래하는 경우를 말하고, 간접적 이해관계란 회사의 다른 법인과의 거래에서 그 회사의 임원이 거래상대방과 같은 이해관계를 가지고 있는 경우를 말한다.[44]

회사법 제12장에서 회사의 이해상충거래 즉 자기거래의 정의, 행위 주체, 이해상충거래로 인한 책임, 거래절차, 거래절차 위반의 효과 등을 규정하고 있다(제89조~제93조).

2) 행위 주체

회사법상의 정의로서 이해상충거래는 회사의 이사, 일정의 주식을 보유하는 주주, 의사결정권자 및 그의 특수관계인이 현재 본인이 종사하고 있거나 지배주식을 보유하는 회사와 하는 거래를 말한다(제92조 제1항).

지배주주 및 의사결정권자. 이해상충거래의 주체가 되는 주주

43) Fiona Connell and N.Tsogt., *Company law*(연수 자료집), UB, 2008, p.94.

44) B.Amarsanaa, 앞의 책(2012), 31쪽.

란 발행한 보통주의 100분의 20 이상을 단독으로 또는 자기 특수관계인과 같이 보유하는 자(제89조 제1항)이고, 의사결정권자는 이사 및 기타 회사의 업무집행을 담당하는 임원들이다(제84조 제1항). *특수관계인.* 지배주주 및 이사의 배우자, 그들과 동거하는 기타 가족, 부모, 자녀, 손자, 손녀 및 형제를 말하며, 이들이 회사와의 거래로 인하여 직·간접적으로 경제적 수익을 얻는 경우에도 그 계약의 당사자들은 이해상충거래에서의 특수관계인이 된다. 이 특수관계인은 회사법상의 다른 규정에서 등장하는 특수관계인과 다른 개념이다.

3) 이사의 거래와의 관계

이사가 ①거래의 당사자 또는 거래에 대표인 및 중개인의 지위에 있는 경우 ②거래의 당사자 또는 거래에 대표인 및 중개인으로서 참여하는 법인의 의사결정권자, 혹은 그 법인의 지배주식을 단독으로 또는 특수관계인과 같이 보유하는 경우 ③거래의 당사자 또는 거래에 대표인 및 중개인으로서 참여하는 법인의 자회사의 의사결정권자, 혹은 그 법인의 지배주식을 단독으로 또는 특수관계인과 같이 보유하는 경우 그 거래에 이해관계 있는 것으로 본다(제89조 제1항 제1~4호). 이는 회사와의 이해상충을 우려한 것이기 때문이다.

4) 이해상충거래 적용의 제외

회사법은 이해상충거래에 관한 규정이 적용되지 않는 경우를 제89조 제3항 제1호 내지 3호에서 규정하고 있다. 즉 ①회사의 보통주식 전부를 보유하는 자와 집행임원이 동일인인 경우 ②주주가 주식매수우선권을 행사하는 경우 ③다른 회사의 보통주 100분의

75 이상을 보유하는 회사가 합병하는 경우 등이다. 그러나 유한책임회사의 경우 주주수가 10명 이상 안 되는 경우 그 외의 제외요건을 정관으로 정할 수도 있다(제89조 제4항).

5) 이사의 개시의무

이해상충거래를 하고자 하는 이사는 본인의 거래와의 관계, 특수관계에 있는 자 등을 이사회(이사회가 없는 경우 집행임원)에 알려야 할 의무가 있다(제91조 제1항 제1~4호). 이 의무를 위반한 경우 그 요건이 충족되면 이해상충거래 절차 위반 책임이나 충실의무 불이행으로 인한 손해배상책임을 부담할 것이다.

6) 이해상충거래의 절차요건(제92조)

우선 이해상충거래에 대한 승인을 이사회나 주주총회(이사회가 없는 경우)로부터 받아야 하며 그 거래에 이해관계 없는 이사나 주주의 과반수의 찬성으로 한다. 거래의 대상이 되는 재물이나 재산권의 시가, 용역의 대금은 이사회가 결정한다. 만일 거래금액이 회사의 총 재산의 25퍼센트를 초과하거나 발행할 주식 등이 회사나 그의 종속주식회사가 발행한 주식의 25퍼센트를 초과하는 경우, 유한책임회사의 이사 전원 또는 주식회사의 독립이사 전원이 그 거래의 상대방이 되고자 하면 그 승인 결의는 주주총회에 출석하는 이해관계 없는 주주의 과반수의 찬성으로 한다.

이해상충거래이긴 하나 주주총회 결의를 요하지 않는 경우도 있다. 회사가 대출받는 거래 즉 이사 전원(주식회사의 경우 독립이사 전원)이나 그의 부모 등의 친족이 상대방이 되는 대출거래의 경우 위의 주주총회 결의를 요하지 않는다.

5. 이사의 감시의무

(1) 한국 상법

1) 의의

이사가 직무에 대하여 선관주의의무를 부담하므로 그의 하나로서 다른 이사의 업무집행이 법령 또는 정관에 위반하는지 여부를 감시하고, 부당한 행위를 사전에 방지할 의무를 진다. 이 의무를 이사의 감시의무라 하며 최근 강화되는 추세에 있다.[45]

이사의 감시의무는 실정법상의 개념은 아니며 이와 비교할 수 있는 개념으로 오직 이사회의 감독권(제393조 제2항), 감사의 감사권(제412조 제1항)에 대해서만 규정하고 있다. 그런데 학설 · 판례는 이사회의 감독권은 이사의 감시의무를 포함하는 개념으로 이해하여 왔다. 또한 상법 제393조 제3항은 대표이사에 대한 이사의 보고청구권을 규정하고 있는데, 이사의 권한은 동시에 이사의 의무로 보아야 하므로 이 규정도 이사의 감시의무의 근거규정으로 볼 수 있다.[46]

이사의 감시의무는 이사회의 감독권과 구분된다. 그 차이점을 감시범위, 감시대상, 수행방법 등으로 분리하여 표현해 보면 다음과 같다.[47]

---

45) 송옥렬, 앞의 책, 1011쪽.
46) 이철송, 앞의 책, 712쪽.
47) 송옥렬, 앞의 책, 1011쪽. 표는 필자가 직접 만들었음.

〈표6〉 이사회 감독권 및 이사의 감시의무 비교표

구분	감시 범위	감시대상	수행 방법
이사의 감시의무	대등한 이사 상호간에 이루어진다.	주로 업무집행의 위법성을 감시하는 것에 국한된다.	개별적인 이사 차원에서 이루어진다.
이사회 감독권	상하관계에서 행사된다.	업무집행의 타당성 또는 합목적성까지 감독한다.	이사회를 소집하여 그 결의로써 권한을 행사한다.

2) 대표이사 · 상근이사의 감시의무

대표이사는 다른 이사 전원의 업무집행에 대하여 감시할 의무가 있으며, 공동대표이사는 상호 감시의무를 진다. 대표이사가 아닌 구체적인 업무집행을 담당하는 상근이사의 경우 그 직무에 관하여 대표이사에 준하는 감시의무를 진다. 그리고 이사가 업무를 분장하고 있는 대규모의 공개회사의 경우에도 판례는 이러한 업무분장으로 이사의 감시의무가 면제 또는 완화되지 않는다고 본다(2008.9.11. 2007다31518). 업무를 분장하게 되면 자신의 업무를 전담하여야 하니 결국은 다른 이사의 업무집행을 감시하기 의하여 효율적인 내부통제시스템을 구축하고 유지할 수밖에 없다는 것이 판례의 입장이다(2008.9.11. 2006다68636). 따라서 대표이사와 상근이사의 감시의무는 아무 차이가 없다.[48]

3) 비상근이사 · 사외이사의 감시의무

회사에 대하여 대표권도 없으며 업무집행도 하지 않는 평이사(비상근이사 또는 사외이사)는 이사회에 부의된 사항에 대하여 수동적 감시의무를 지는 것은 물론이지만, 이사회에 상정되지 아니한 회사 업무에

48) 송옥렬, 앞의 책, 1011쪽.

대하여도 능동적 · 적극적 감시의무를 부담하는지 여부가 문제된다.[49]

현재 통설 · 판례는 평이사의 일반적 · 능동적 감시의무를 긍정한다. 그 근거로 평이사도 이사회의 구성원이라는 점 또는 이사의 일반적인 선관의무를 제시하고 있다. 그리고 긍정설의 입장에서는 평이사의 감시의무 범위에 대하여 견해의 대립이 있다. 즉 평이사는 대표이사나 업무담당이사의 직무위반행위를 알게 된 경우에 한해 감시의무를 진다는 소극설과, 그에 그치지 않고 더 나아가 적극적으로 회사의 업무집행의 상황을 정확히 파악하여야 할 의무도 부담한다는 적극설 등이다. 판례는 평이사가 업무담당이사의 부정을 의심할 만한 사유가 있음에도 불구하고 이를 방치한 때에는 감시의무를 위반한 것이라고 하는데, 이 두 설의 절충설로 볼 수 있다.[50]

(2) 몽골 회사법

몽골 회사법상 일반 이사의 감시의무에 관한 명문의 규정은 없으나 독립이사에게 제79조 제3항의 추가적인 의무를 부담시키고 있다. 이 조항은 독립이사가 집행임원뿐만 아니라 이사회의 결의와 업무의 합법성을 감시하고 필요한 조치를 취할 것을 의무화하고 있으며, 독립이사만이 이 의무를 이행하여야 하기 때문에 이사회의 감독권과 상관없는 독립이사의 개별적 감시의무에 관한 규정으로 판단된다.

독립이사의 감시의무를 업무의 ①합법성감시와 ②투명성감시로

49) 회사법대계 II, 597쪽.
50) 이철송, 앞의 책, 715쪽.

구분할 수 있다. ①은 이사회 또는 집행임원을 그 대상으로 하고 그들의 업무, 방침, 결의가 회사의 이익을 침해하는지, 그 업무는 법령 및 규칙에 부합하는지에 대하여 감시를 한다. 또한 위법행위가 발생하지 않도록 사전에 방지할 의무도 부담한다. 감시 과정에서 위법행위를 발견한 즉시 당사자에게 그의 처리를 요구하고 불이행 시 이사회 또는 주주총회 소집까지 요구할 수 있다(제79조 제3항 제1호). ②는 집행임원을 대상으로 하며, 회사의 투명성과 공개성 유지에 관한 의무를 부과하고 그의 이행을 감시 또는 요구한다(제79조 제3항 제2호). 독립이사는 감시의무를 소홀히 한 경우 제84조 제6항의 손해배상책임을 부담할 수 있다.

또한 독립이사는 주주총회에 직접 참석하고 이사회의 결의에 대한 이의가 있으면 그 사실을 밝혀야 한다(제79조 제3항 제3호).

6. 한국 상법상 이사의 기타 의무

한국 상법은 이사의 회사기회유용금지의무, 이사회출석의무, 내부통제시스템구축의무에 관한 명문의 규정을 마련하거나 사법적으로 인정하고 있다. 반면 몽골은 회사기회유용금지 의무만을 학설적으로 인정하고 있을 뿐 아직 입법적으로 명문화한 것은 없고, 차후 실무에서 어떻게 활용된 지도 불명확한 상태이다. 물론 학설적 논의나 판례가 없다고 하여도 회사가 정관에 규정하는 것은 허용될 것이다.

이런 면에서 한국법상의 이사회출석의무, 내부통제시스템구축의무 소개하도록 하겠다.

(1) 이사회출석의무

이사가 이사회에 참석하여 의결권을 행사함으로써 업무집행의 결정과 감독을 위한 집단적 의사형성에 기여하는 것은 이사의 가장 중요한 기능이다. 따라서 이사는 이사회에 출석하여 의결권을 행사할 의무를 진다고 보아야 한다. 단순히 이사회에 불출석한 것이 아니라 질병, 출장, 긴급한 용무 등의 정당한 사유 없이 출석하지 아니한 경우에만 이사의 임무해태로 보아야 할 것이다.[51]

(2) 내부통제시스템구축의무

내무통제시스템이란「회사의 자산보호, 회계자료의 정확성과 신뢰성 확보, 조직운영의 효율성 증진, 경영방침 및 법규의 준수를 위해서 회사의 구성원들 전체에 의하여 계속적으로 실행되는 일련의 통제과정」이며, 이것이 잘 작동되고 있는 것은 이사가 감시의무를 다한 것으로 볼 근거가 된다.[52]

상법 제542조의13은 자산총액이 5천억원 이상인 상장회사(시행령 제39조)는 법령을 준수하고 회사경영을 적정하게 하기 위하여 임직원이 그 직무를 수행할 때 할 준법통제기준을 마련하고(542조의13 제1항), 그 준법통제기준의 준수에 관한 업무를 담당하는 자 즉 변호사 자격을 가진 자를 준법지원인으로 두어야 한다(542조의13 제2항, 제5항 제1호).

이는 포괄적인 위험관리를 목적으로 하는 내부통제시스템을 구축하는 것을 요하는 것이 아니라「법령준수에 관련된 부분에 대해서만」그의 설치를 강제하고 있다.[53]

---

51) 이철송, 앞의 책, 717쪽.
52) 송옥렬, 앞의 책, 1012쪽.

7. 몽골 회사법상 이사의 기타 의무

몽골 회사법은 한국 상법과 달리 이사회 의장 및 이사회 비서 등의 특별한 임무를 맡은 이사들의 권리와 의무에 대하여 개별적인 규정을 마련하고 있다. 특히 이사회 비서는 다른 이사들에 비해 이사회나 주주총회 소집과 회의 진행에 있어 중요한 역할을 한다.

이사회 비서는 이사회 의장이 추천한 자로 이사회에서 선임되며, 회사의 의사결정권자로서 서류보관의무 및 정보제공의무를 부담하고 있다. 이사가 이 의무를 위반하면 회사나 제3자에 대한 손해를 배상할 책임이 있다.

(1) 서류보관의무

이사회 비서인 이사는 회사의 의사결정권자로서 회사법 제97조에서 열거된 회사의 중요한 서류를 보관할 의무가 있다(제97조 제1항, 제5항). 일반 서류 보관 기간은 기본적으로 5년이나 회사의 정관은 영구적으로 보관하여야 한다. 그러나 5년 후에 그 서류를 바로 폐기시키는 것이 아니라 기록보관소에서 계속 보관하여야 한다(제97조 제4항).

회사법은 이사가 보관할 의무가 있는 서류로 회사 설립에 관한 서류, 본사와 지점 정관, 내부 규칙, 회의 기록, 회계 및 재무 자료, 의사결정권자의 특수관계인의 명부, 회사 주식 총수의 100분의 5 이상을 보유하는 주주의 명부 등을 명시하고 있다.

---

53) 송옥렬, 앞의 책, 1013쪽.

(2) 정보제공의무

회사법은 의사결정권자의 정보제공의무를 인정하고 있으며(제85조 제2항 제3호) 이사도 이 규정의 적용을 받는다. 그러나 이는 모든 이사에게 해당하는 것이 아니라 그 중 이사회 비서로 선임된 이사에게만 적용된다.

이사는 이사회 비서로서 주주에게 주주총회와 관련된 정보, 회의 일정 및 안건 등을 발송하여야 하며(제82조 제2항 제2~3호), 회계의 원천자료 및 장부, 집행임원 회의 기록과 결의, 그 외에 공개할 수 있는 모든 자료를 열람하고 무료로 등본을 받을 수 있는 환경을 마련할 의무가 있다(제98조 제2항).

04

책임의 성립과 제한

제1절
회사에 대한 책임

I. 의의

이사의 업무수행에 있어 적정한 주의를 촉구하고, 회사의 재산을 건전하게 유지하기 위한 실효적인 법적 수단은 회사의 재산을 관리·경영하는 이사에게 그에 상응하는 재산적 책임을 부여하는 것이다.[1]

한국 상법은 이사의 임무해태로 인하여 발생한 회사 또는 제3자에 대한 손해를 이사가 배상하도록 규정하고 있다. 이는 이사의 부실한 경영에 의하여 회사의 이해관계자들이 입은 손해를 전보하

1) 이철송, 『회사법강의』(제22판), 박영사, 2014, 750쪽.

는 것도 있지만, 그 외에 이사의 업무집행에 대한 주의를 기울이게 함으로써 소유와 경영의 분리하에서 이사에게 부여하는 이해관계자들의 신뢰를 보호하는 역할[2]과, 이사들에게 위법한 행위나 임무해태를 하지 않도록 억제하는 역할[3]도 하고 있다.

몽골 회사법도 이사가 소정의 의무를 불이행하거나 위법행위를 함으로써 회사 또는 주주 등의 제3자에게 손해를 가한 경우 이를 배상하도록 규정하고 있다. 이 제도의 효과, 실효성 및 활용에 관하여 앞으로 몽골 국내에서 많은 연구와 학설적 논의가 필요하다고 본다.

II. 입법배경

1. 한국에서의 입법배경

IMF 금융위기 이전에는 이사의 책임이란 교과서에만 존재하였다. 그 이유는 이사를 상대로 그의 책임을 묻기 위한 주주의 대표소송이 제기되지 않았기 때문이다. 이런 상황이었으니 이사의 책임이 회사법의 핵심이라면 사실상 교과서 밖에는 회사법이 없는 것과 다름없었다.[4] 그런데 IMF 사태 이후 금융기관을 위주로 삼아 새로운 경영진이 구 경영진을 상대로, 예금보험공사 등 파산관재인이 구 경영진을 상대로 손해배상책임을 추궁하는 경우가 증가하

---

2) 이철송, 위의 책, 750쪽.

3) Reinier Kraakman 외, 『회사법의 해부』, 김건식 외 역, 소화, 2014, 236쪽.

4) 송옥렬, 『상법강의』 제4판, 홍문사, 2014, 1005쪽.

였다. 최근 들어서는 주주들이 구 경영진을 상대로 제기하는 대표 소송도 늘고 있는 추세이다.[5]

2. 몽골에서의 입법배경

현행 회사법이 제정되기 이전까지 아주 정확하지는 않지만, 회사의 이사 및 경영진을 포함한 임원들의 손해배상책임을 인정하여 왔다. 최초로 회사의 관계를 규율하였던 '기업법(1991)'에서는 주식회사의 총괄이사director-general의 회사에 대한 손해배상책임을 인정하였으며(기업법 제34조 제9항), 회사의 경영진[6]의 결의에 의하여 손해가 발생한 경우 그 해당 법률에 따라 처리하도록 규정하였다(기업법 제7조). 후자의 경우 불법행위책임인지, 손해의 상대방이 누구인지에 대하여 아무런 언급이 없어 그 내용이 상당히 불명확한 면이 있었다. 그 후로 1995년에 제정된 '회사 및 조합법'도 이사가 아니라 집행이사만 손해배상책임을 부담하도록 규정하였으며 이사의 지위도 확실하지 않았다.

1999년에 제정된 회사법은 최초로 이사를 비롯한 회사의 의사결정에 중요한 역할을 하는 자를 정의하여 그들의 회사에 대한 책임을 규정하였다. 그 당시 사유화에 의해 설립된 주식회사들은 주주 수도 많고, 주식도 분산된 상태이었기 때문에 이런 규정은 그 의사결정권자들의 행위를 통제하는데 도움이 될 것으로 판단하였다.[7] 2011년에 회사법을 개정하면서 기존의 취지를 유지하고 책

5) 주식회사법대계 II, 751쪽.

6) '경영진'이란 회사의 이사회, 감사회, 총괄이사 등의 기관을 포함한 개념임.

7) 회사법(1999) 제정안 소개서.

임제도를 더 구체화시켰다.

Ⅲ. 관련 규정

1. 한국 상법

2011년에 상법이 개정되면서 기업지배구조 분야에서는 이사의 자기거래범위 확대, 이사의 기회유용의 금지, 이사의 책임감경 인정, 집행임원의 선택적 도입, 준비지원인제도의 도입 등의 주로 이사의 의무와 책임과 관련된 내용이 변경 또는 신설되었다.[8] 그 중 이사의 회사에 대한 책임을 규정한 제399조도 일부 개정되었다.

본조는 이사가 고의 또는 과실로 법령 또는 정관에 위반한 행위를 하거나 그 임무를 게을리한 때에는 그 이사는 회사에 대하여 연대하여 손해배상책임을 지도록 규정하고 있다(제399조 제1항). 위 행위가 이사회 결의에 의한 경우 그 결의에 찬성한 이사도 손해배상책임을 지는데(제399조 제2항), 그 결의에 참가하였으며 이의를 하였다는 내용이 의사록에 기재되어 있지 않으면 그 이사도 그 결의에 찬성한 것으로 추정되어 같은 책임을 부담한다(제399조 제3항).

원래 이사는 회사와 위임관계에 있고 수임인으로서 그 직무에 대하여 선관주의의무를 부담하기 때문에 의무를 위반한 경우 민법 제390조의 채무불이행책임을 지게 되는데 제399조는 이를 보

---

8) 송옥렬, 앞의 책, 717쪽.

다 명확하게 규정하는 것이다.[9] 상법상의 이사의 책임은 위임계약의 채무불이행책임보다 무거운 개념이므로 상법상의 책임이 인정되는 한 위임계약의 불이행으로 인한 손해배상책임을 물을 실익은 없다.[10] 다만 이사의 행위가 동시에 민법 제750조의 불법행위책임 요건을 충족한다면 회사에 대한 불법행위가 성립하고, 이 민법 제750조의 책임과 상법 제399조의 책임이 경합될 수 있다.[11]

이사는 상법상의 주식회사와 유한회사에만 존재하고 있고, 유한회사가 주식회사 이사의 손해배상책임에 관한 조문을 모두 준용하고 있다(제567조). 따라서 이사의 회사 또는 제3자에 대한 책임 및 추궁방법은 주식회사와 같다고 볼 수 있기[12] 때문에 이하 상법상의 주식회사 이사의 손해배상책임에 관한 조문을 기준으로 서술하겠다.

2. 몽골 회사법

이사가 자기 의무를 다하지 못함으로 인하여 회사에 손해가 발생한 경우 그 손해를 배상할 책임이 있으며, 그 직책을 회사로부터 보상받은 경우[13]에도 마찬가지이다.[14]

몽골 회사법상의 이사의 책임에 관한 조문은 여러 곳에 위치하

9) 송옥렬, 앞의 책, 1035쪽.
10) 이철송, 앞의 책, 751쪽.
11) 송옥렬, 앞의 책, 1035~1036쪽.
12) 송옥렬, 앞의 책, 1239쪽.
13) 이는 자신의 의견과 상관없이 업무성과 등에 대한 보답으로 그 직책을 받은 경우를 뜻하는 것이다.
14) D.Ayush 외, *Business law* (교과서), 울란바타르, 2011, 38쪽.

고 있어 하나로 정리하기에 어려운 점이 있다. 회사법은 책임의 대상을 이사로부터 회사에서 종사하는 임원들까지 넓게 인정하고 있으며, 대부분의 규정은 그들을 의사결정권자란 명칭 하에 동일 책임주체로 하고 있다. 이하 특별한 경우를 제외하고는 해당 책임 주체를 "이사"로 표현하겠다.

이사의 회사에 대한 손해배상책임을 ①일반책임 ②이해상충거래에 관한 책임 ③불법행위책임으로 나누어 볼 수 있겠다. ①과 ②의 공통점은 이사의 행위로 인한 회사의 손해를 이사가 배상하도록 규정하고 있으나, 책임의 상대방인 제3자를 정하는데 있어서 다른 점을 보이고 있다.

(1) 일반 손해배상책임

회사법은 이사가 소정의 의무를 불이행하거나 수차례 위반한 경우(이하 '임무해태'라 한다; 제84조 제4~6항) 혹은 소정의 위법행위(제85조 제2항)를 한 경우 손해배상책임을 부담시키고 있다. 전자는 오직 회사에 대한 손해를 인정하는데 후자는 추가로 회사의 주주와 채권자를 책임대상으로 정하고 있다. 이사는 그 임무해태로 인한 손해를 연대하여 균등하게 배상할 책임이 있지만(제84조 제9항) 위법행위로 인한 손해에 대하여 연대책임을 지는지 여부는 불확실하다. 그 손해가 이사회 결의에 의한 경우 이의를 제기하거나 회의에 불참석한 이사는 책임지지 않는다(제84조 제8항).

(2) 이해상충거래로 인한 손해배상책임

회사와의 거래로 인하여 회사에 손해를 야기한 자는 그 손해를 배상할 책임이 있다(제90조 제1항). 여기서 말하는 손해배상 책임주체는 이사, 집행임원 및 기타 경영 임원들을 포함한 것으로 그 범위는 넓지만 그 손해를 가한 자가 이사인 경우에 한하여 제90조 및 제85조의 책임을 부과하고 있다(제93조 제3항). 후술하겠지만 이는 이사가 회사, 자회사, 종속회사뿐만 아니라 회사의 주주 및 채권자에 대한 손해까지 책임질 수 있다는 의미가 되니 이해상충거래에 대한 규제를 상당히 강화한 것으로 이해된다.

이사가 이해상충거래에 관한 회사법상의 요건과 절차를 위반하여 회사에 손해를 야기한 경우에도 그 손해 전체를 배상할 책임이 있는데, 손해규모를 확정하기 어렵거나 입증할 수 없는 경우에 한하여[15] 해당 거래로 인하여 얻은 수익을 기준으로 책임을 물을 수 있다(제93조 제1항).

(3) 이사의 불법행위책임

회사법은 회사에 손해를 끼친 자의 불법행위책임을 인정하고 있고, 그 책임을 회사의 주식 총수의 100분의 10 이상을 단독으로 또는 특수관계인[16]과 같이 보유하는 자 및 그 외의 형태로 회사에 대하여 지배권을 행사하는 자가 부담하도록 정하고 있다(제9조 제4항). 이 조문에 관한 강학상의 논의는 아직 없지만, 여기서 말하는 "그 외의 형태의 지배권"이란 이사의 의결권도 포함한 포괄적 개념이라고 볼 여지가 있다. 따라서 회사에 손해를 야기한 이사의 행위가 제84조 제6항의 임무해태, 제85조 제2항의 위법행위에 대한 손해배상책임 요건을 충족하지 못하는 경우 제9조 제4항의 불법행위책

15) Fiona Connell and N.Tsogt. *Company law*(연수 자료집), UB, 2008, p.97.

16) 몽골 회사법상에 두 가지 특수관계인이 등장한다. 여기서 말하는 특수관계인은 회사법 제99조에서 정한 자를 의미한다. 다른 하나는 이해상충거래를 하고자 하는 자와 이해관계에 있는 자로서 제89조 제1항에서 열거된 자를 말한다.

임 요건이 충족되는지 여부를 확인해 보아야 한다. 그러나 회사법상의 불법행위책임과 민법 제497조 제1항의 불법행위책임의 차이점에 대한 연구가 더 필요하다.

이사의 불법행위책임이나 임무해태 책임 및 이해상충거래에 관한 책임이 인정되어도 추가로 그 요건이 충족되는 경우 위법행위로 인한 손해배상책임을 부담시킬 수 있다(제85조 제4항).

Ⅳ. 책임 요건

1. 의의

이사의 책임을 추궁하는 요건으로 한국 상법 제399조 제1항은 이사가 ①고의 또는 과실로 ②법령 또는 정관에 위반한 행위를 하거나 ③그 임무를 게을리한 경우 등을 제시하고 있으며, 몽골 회사법 제84조 제6항 및 제85조 제2항은 이사가 ①주의의무와 충실의무에 해당하는 소정의 의무를 불이행하거나 수차례 위반한 경우 ②소정의 위법행위를 한 경우, 제90조 제1항 및 제93조 제1항은 ③이사의 이해상충거래로 인하여 또는 ④이사가 이해상충거래에 관한 법정의 요건과 절차를 위반한 결과 회사에 손해가 발생한 경우 등을 명시하고 있다.

2. 책임의 원인

(1) 한국 상법

1) 고의 또는 과실

이사가 법령 또는 정관을 위반하거나 임무를 게을리한 것은 고의 또는 과실에 의한 경우에 한해 책임이 발생한다.[17] 2011년에 상법이 개정되기 이전까지 이사의 회사에 대한 책임이 과실책임인지에 관하여 명문의 규정이 없었기 때문에 견해의 대립이 있었다. 다수설은 제399조가 채무불이행책임의 성질을 가지며, 무과실책임은 원칙상 명문의 규정이 있어야 인정될 수 있다는 점 등을 근거로 과실책임으로 보고 있었고, 이는 개정법에 의하여 입법적으로 정리된 것이다.[18]

2) 법령 또는 정관에 위반하는 행위

이사의 법령 또는 정관에 위반하는 행위라 함은 이사가 개별적·구체적인 법령 또는 정관의 규정에 위반한 행위를 말한다. 이는 넓은 의미로 이사의 임무해태에 해당하지만, 주의의무 위반의 정도가 현저하므로 별도로 구분하여 규정한 것이다.[19]

법령 또는 정관에 위반하였는지 여부를 판단하는 기준으로 상법상의 제한·금지 규정, 형법 등 일반 법률, 업무집행에 관한 법령, 명문의 정관 등이 있으므로 상대적으로 쉽게 판단할 수 있다.[20]

---

17) 이철송, 앞의 책, 752쪽.

18) 송옥렬, 앞의 책, 1036쪽.

19) 이철송, 앞의 책, 751~752쪽.

20) 주식회사법대계 II, 771쪽.

본조의 위반에 해당하는 예로 이사의 충실의무 위반행위 즉 경업금지의무를 위반한 경우(제397조), 이사회 승인 없이 자기거래를 한 경우(제398조), 비밀유지의무를 위반한 경우(제382조의2) 등이 있으며, 또한 이익배당의 요건에 관한 규정(제462조)에 위반하여 주주총회의 승인을 받아 이익배당을 한 경우, 제341조에 위반하여 자기주식을 취득한 경우, 주주의 권리행사와 관련하여 재산상의 이익을 공여한 경우(제467조의2) 등이 있다.[21]

3) 임무의 해태

이사는 고의 또는 과실로 임무를 게을리한 경우 그로 인하여 회사에 발생한 손해를 배상할 책임을 진다(제399조 제1항). 「임무를 게을리한다」는 표현은 상법 개정전에 사용하던 「임무해태」라는 용어와 동일한 뜻이므로[22] 교과서 등에 두 용어를 같이 사용하고 있다. 「임무해태」란 이사가 직무를 수행함에 있어 선량한 관리자의 주의를 게을리함으로써 회사에 손해를 입히거나 손해를 사전에 방지하지 못한 경우[23] 즉 선관주의의무에 위반하는 경우를 말한다.

이사의 주의의무는 업무집행에 대하여 주의를 해야 하는 작위의무 뿐만 아니라 회사에 손해를 가하지 않아야 할 부작위의무, 사후적 손해를 방지할 의무까지 포함하는 개념이므로 이 모든 의무를 게을리 하여 회사에 손해를 이야기한 경우에는 임무해태로 본다.[24] 그러나 구체적인 사안에서 이를 판단하는데 비교적 어려

21) 주식회사법대계 II, 772쪽.
22) 이철송, 앞의 책, 753쪽.
23) 이철송, 앞의 책, 752쪽.
24) 이철송, 앞의 책, 753쪽.

움이 있을 것으로 보이며, 당해 이사의 지위 및 권한, 회사의 규모나 회사가 처한 상황, 내부적 업무처리절차가 있었는지 여부, 일반적인 사회 · 경제적 상황, 업무처리 결과 등을 종합적으로 검토하여 개별적으로 판단할 수밖에 없다.[25]

(2) 몽골 회사법

1) 임무해태

이사가 법정의 의무와 정관상의 의무를 불이행하거나 수차례 위반한 경우 손해배상책임을 부담한다. 이 경우 "의무의 불이행 즉 임무해태", "여러 번 위반한 행위", 그리고 "그로 인하여 회사에 실제로 손해가 발생한 것"이 요구되며, "수차례"란 2회 이상을 의미한다.

임무해태로 인한 손해배상책임을 부담하게 되는 원인인 이사의 의무란 회사법 제84조 제4항 및 5항에 열거된 이사의 주의의무 내지 충실의무에 관한 일체의 의무를 뜻한다. 즉 이사의 행위는 법과 정관으로 허용된 권한을 벗어나지 못하며, 그 직무를 수행함에 있어 회사의 이익을 최우선으로 하고, 회사법 및 정관상의 의무를 엄격히 이행하여야 한다. 또한 회사의 이익에 부합하도록 합리적인 결의를 하며 그 결의하는데 있어 이해충돌이 생기지 않도록 주의하고, 이해충돌이 우려되는 경우 회사에 즉시 보고하여야 한다. 자기 직무와 관련하여 타인으로부터 보상금 등을 받을 수 없으며, 재임 중 또한 퇴임 후 3년간 회사의 비밀을 누설하거나 사익추

25) 주식회사법대계 II, 772쪽.

궁 목적으로 이용하는 것을 금한다. 이 의무를 불이행하여 회사에 손해가 발생한 경우 이사가 그 손해를 자기 개인 재산으로 배상할 책임이 있다.

2) 위법행위

이사가 회사법 제85조 제2항의 위법행위를 한 경우 손해배상책임을 부담한다. 즉 회사의 명의를 사익추구 목적으로 이용하거나, 주주 및 채권자에게 고의로 허위정보를 제공하거나, 정보제공의무 및 서류보관의무를 불이행하거나, 회계 등의 정보를 취득권자에게 미제공 또는 늦게 제공함으로 인하여 회사에 손해가 발생하면 이사가 자기 개인 재산으로 배상하여야 한다.

3) 이해상충거래

이해상충거래로 인한 손해배상책임을 인정하는 규정으로 회사법 제90조 제1항이 있다. 다만 이 조문은 이해상충 거래로 인한 회사의 손해를 그 잘못이 인정된 자가 배상하도록 규정하여 책임 주체를 제한하지 않고 있다. 그러나 제89조 제1항에서 거래의 당사자를 열거하고 있으니 그들이 이해상충거래로 인한 손해를 배상할 책임이 있다고 보아야 한다. 또한 이해상충거래 절차위반 책임은 제93조 제1항에서 따로 규정하고 있으니 제90조 제1항은 필요한 승인을 다 받고 절차상으로 아무런 이상이 없는 거래에 해당하는 조문으로 해석된다.

4) 이해상충거래 절차위반

회사법 제93조 제1항에 따르면 이사가 이해상충거래에 관한 법정의 요구사항과 절차를 위반한 결과 회사에 손해가 발생하면 그 손해를 배상할 책임이 있다.

그러나 제93조 제3항에서 "회사의 의사결정권자가 회사법 제85조 또는 제90조의 책임을 부담한다"고 하여 제93조의 책임이 이사와 관계없는 것처럼 규정하고 있다. 이렇게 해석하면 이사가 이해상충거래에 관한 법정의 절차를 준수하지 않아 회사에 손해를 야기하여도 책임이 없다는 식의 논리가 된다. 하지만 입법자의 취지는 이사의 책임을 면제하고자 하는 것이 아니었다고 본다. 문제의 핵심은 책임의 상대방과 범위에 있을 수 있다.

〈표7〉 이사의 손해배상책임에 관한 조문 비교

조문	책임 분류	책임의 상대방	책임의 범위
제84조 제6항	임무해태책임	회사	손해 전체
제85조 제2항	위법행위책임	회사, 주주, 채권자	손해 전체
제90조 제1항	이해상충거래책임	회사, 자회사, 종속회사	손해 전체
제93조 제1항	이해상충거래절차위반책임	회사, 자회사, 종속회사	손해전체 혹은 거래로부터 취득한 이익

〈표7〉에서 보면 이사의 책임을 인정하는 조문들은 서로가 약간의 차이점을 보이고 있다. 여기서 이해상충거래 절차위반에 관한 이사의 책임을 분석해 보면, 이사가 이해상충거래에 관한 법정의 요건 또는 절차를 위반하여 거래한 경우 그로 인해 회사·주주·채권자·자회사·종속회사에 발생한 손해를 배상할 책임이 있다.

제2절
제3자에 대한 책임

I. 의의

한국 상법과 몽골 회사법은 이사의 제3자에 대한 손해배상책임을 인정하고 있다. 이는 이사의 불법행위책임과는 다른 개념으로 이사가 회사에 대한 의무를 다하지 못함으로 인하여 제3자에게 발생한 손해를 배상할 책임을 말한다. 그러나 그 요건과 책임의 상대방은 다소의 차이가 있다.

한국 상법 제401조는 이사가 고의 또는 중대한 과실로 그 임무를 게을리한 때 제3자에 대하여 연대하여 손해를 배상할 책임이 있다고 규정하고 있다. 이는 이사의 직접적인 책임으로서 이사의 업무활동이 제3자의 손실로 파급될 경우 이를 이사가 전보하게 함으로써 그 제3자를 보호하는 역할을 하는 동시에 이사가 그 임무를 수행하는데 있어 신중을 기하도록 유도하려는 취지에서 유래된 것이다.[26]

몽골에서 입법적으로 이사의 제3자에 대한 책임을 최초로 인정한 것은 1999년 제정된 회사법이다. 그러나 규정 방식은 한국 상법과 달리, 이사의 제3자에 대한 손해배상책임을 인정하는 개별적인 조문을 두지 않고 이사의 회사에 대한 손해배상책임과 같은 조문으로 규정하고 있다.

---

26) 이철송, 앞의 책, 773쪽.

Ⅱ. 책임요건

1. 한국 상법

이사가 고의 또는 중대한 과실로 그 업무를 게을리한 때에는 제3자에 대하여도 손해배상책임을 부담한다. 여기서 말하는 이사의 임무는 법령 · 정관의 위반도 포함한 개념으로 제399조에서의 임무와 다르다. 임무해태는 고의 및 중대한 과실 등 주관적 개념을 포함하기 때문에 경영판단원칙에 의하여 판단하여야 하고 그 입증책임은 제3자가 부담한다.[27]

2. 몽골 회사법

회사법은 이사가 주의의무 및 충실 의무 즉 제84조 제4항에 열거된 의무 및 퇴임 후 비밀유지의무를 불이행한 경우 오직 회사에 대하여 손해배상책임을 부담하도록 규정하고 있으나 회사의 명칭을 사익추구 목적으로 이용하거나 고의로 주주 및 채권자에게 허위정보를 제공하는 경우, 정보제공 의무 및 서류 보관 의무를 불이행한 경우(제85조 제2항), 이해상충거래를 한 결과(제90조 제1항) 또한 그 거래절차(제93조 제1항)를 위반함으로 인한 손해는 이사가 회사뿐만 아니라 제3자에 대하여도 배상하도록 규정하고 있다(위 <표7> 참조).

---

27) 송옥렬, 앞의 책, 1048쪽.

Ⅲ. 책임의 내용 및 상대방

1. 한국 상법

상법에서 말하는 책임의 상대방인 제3자는 회사의 채권자 및 주주로 한정되며, 손해의 내용은 직접손해와 간접손해를 포함한 개념으로 해석되고 있다. 판례는 주주의 간접손해를 인정하지 않고 있는 반면에 통설은 소수주주만이 제기할 수 있고 담보제공 등을 요구하는 대표소송은 사실상 주주의 이익을 보호하는데 충분하지 않다는 점에서 주주의 간접손해에 대해서도 이사가 배상할 책임이 있다고 본다.[28]

2. 몽골 회사법

개정전 회사법은 책임의 상대방인 제3자로 회사의 주주, 채권자 및 종속회사를 명시하고 있었으나 2011년에 법이 개정되면서 자회사까지 추가하여 그 범위를 보다 넓게 인정하고 있다.

이사는 제85조 제2항의 위법행위로 인한 손해는 주주 및 채권자에 대하여, 이해상충거래로 인한 손해는 그 외에 자회사 및 종속회사에 대하여 배상할 책임이 있다.

28) 송옥렬, 앞의 책, 1050쪽.

제3절
책임의 형태와 범위

I. 책임의 형태

1. 한국 상법

(1) 의의

상법 제399조에서 규정하는 법령 · 전관에 위반한 행위 또는 임무해태는 수인의 이사 및 이사회 결의에 의해 이루어질 수 있다. 수인의 이사에 의하여 행해진 경우 그 이사들이, 이사회 결의에 의한 경우 그 결의에 찬성한 이사들이 상호 연대하여 손해를 배상할 책임(부진정연대책임)이 있다(제399조 제1조, 제2조). 그리고 이사회 결의에 참가하였지만 그에 대하여 이의를 한 내용이 회의 의사록에 기재되지 아니한 이사도 이사회 결의에 찬성한 것으로 추정된다(제399조 제3조).

(2) 적용범위

보통 이사들이 이사회에 직접 참석하여 결의하는 것이 일반적이나, 정관상의 특별한 규정이 없으면 이사 일부 또는 전부가 회의에 직접 참석하지 아니하여도 음성을 동시에 송수신하는 원격통신수단에 의하여 결의에 참가할 수 있다(제391조 제2항). 이런 방법으로 이사회 결의에 찬성한 이사도 그 결의 내용이 법령 · 정관에 위반하고 또는 임무해태에 해당하는 경우 제399조의 적용을 받는다.[29]

(3) 손해분담

통설과 판례는 부진정연대채무의 경우 책임의 주체들 사이에서는 형평의 원칙상 일정한 부분을 부담할 수 있다고 보는데, 이와 마찬가지로 수인의 이사들의 임무해태 정도 및 그 손해에의 기여가 서로 상이할 수 있기 때문에 이사들 간에는 각자 부담하는 부분이 인정될 수 있다. 이 경우 이사 하나가 자기 부담하는 부분 이상의 손해를 배상하여 다른 이사들이 면책된 경우 그 이사가 다른 이사들에게 그들의 부담 부분의 비율에 따라 구상권을 행사하여 그 금액을 청구할 수 있다.[30]

2. 몽골 회사법

이사가 제84조 제4항을 위반하여 결의한 경우 즉 임무해태로 인하여 회사에 손해를 끼친 경우 연대책임을 부담한다(제84조 제9항). 제85조의 위법행위책임이나 제90조 및 제93조의 이해상충거래책임에 대하여 명문의 규정이 없어 연대책임을 지는지 여부가 불명확하다. 그러나 제85조 제2항에 명시한 위법행위는 개별적 이사에게 해당하는 것으로 보이니 이 경우 연대책임을 지지 않는 것으로 해석이 된다. 다만 여러 명의 이사가 제85조 제2항에 명시한 위법행위를 함으로서 회사에 손해를 가한 경우에는 그들 간에는 연대책임을 진다고 봐야 할 것이다.

---

29) 주식회사법대계 II, 829쪽.

30) 이철송, 앞의 책, 762쪽.

Ⅱ. 책임의 제한 및 면책

1. 한국 상법

(1) 책임의 제한

2011년에 상법개정에 의해 제400조 제2항이 신설됨으로서 이사가 법령·정관에 위반하는 행위를 하거나 임무 해태를 한 경우 그 책임을 정관으로 정한 기준을 한도로 제한할 수 있도록 허용되었다.

1) 입법배경

이사의 책임제한 제도가 도입되기 이전에 이사의 책임을 오직 총주주의 동의에 의하여 면제할 수 있었던 것은 사실상 그 요건을 충족하기 어렵다는 이유로 현실성이 없다는 비판을 많이 받았다. 게다가 대표소송이 잇따라 제기되면서 이사들에게 거액의 손해배상책임이 인정되기 시작하면서, 특히 의무적으로 일정한 수의 사외이사를 두어야 하는 상장회사에서 거액의 손해배상책임에 대한 두려움 때문에 사외이사를 영입하는 것이 어려워지고,[31] 판례도 이사가 손해를 전부 배상하는 원칙이 적절한지에 대하여 고민하게 되었으며,[32] 경영자들이 책임추궁을 두려워하여 공격적이고 모험적인 경영활동을 회피하는 경향이 보이므로 이에 대한 대책으로 개정법에서 미국과 일본의 입법례를 본받아 회사가 자율적으로 이사의 책임을 경감할 수 있는 규정을 도입한 것이다.[33]

---

31) Reinier Kraakman 외, 『회사법의 해부』, 김건식 외 역, 소화, 2014, 239쪽.

32) 송옥렬, 앞의 책, 1039쪽.

과거에는 이사가 책임지는 경우가 없었기 때문에 책임제한 규정도 필요 없었으나, 이렇게 이사의 책임제한이 허용된 것은 실제로 이사의 책임이 기능하기 시작하였다는 의미이다.[34]

2) 제한범위

회사는 제399조에 따른 이사의 손해배상책임을 이사가 그 행위를 하기 전 최근 1년간의 보수액의 6배, 사외이사의 경우 그 보수액의 3배를 초과하는 금액으로 일부면제 또는 제한할 수 있다(제400조 제2항). 회사가 이사의 책임을 제한할 수 있는 법정한도는 그의 한계라고 보아야 함으로 회사가 정관에 그 이상의 수준으로 정할 수 있다.[35]

이 경우 책임한도를 이사의 보수와 연계시켰기 때문에 각 이사의 사정에 맞추어 책임액을 정할 수 있고, 고정액으로 정하지 않았기 때문에 실제로 이사가 배상할 금액을 유연하게 결정할 수 있게 해 준다.[36]

책임제한 기준으로 삼고 있는 보수에는 상여금, 주식매수선택권의 행사로 인한 이익이 포함된다(제400조 제2항). 보수(제388조)도 원래 상여금을 포함하는 개념이니 본조에 주의적으로 명시되어 있는 것이며, 주식 매수선택권은 보수(제388조)가 아니지만 실제로 성과급여의 성질을 지니므로 그에 포함시켰다.[37] 그러나 본조상의 보수에 대한 의미가 분명하지 않기 때문에 그 범위를 감소함으로써 이사

---

33) 이철송, 앞의 책, 769쪽.
34) 송옥렬, 앞의 책, 1039쪽.
35) 송옥렬, 앞의 책, 1040쪽.
36) 주식회사법대계 II, 910쪽.
37) 이철송, 앞의 책, 770쪽.

의 최저책임한도를 대폭 낮출 수 있다는 비판도 있다.[38]

3) 적용제외

상법은 회사가 입은 손해의 원인이 이사의 고의 또는 중대한 과실로 인한 행위인 경우와 경업(제397조), 회사기회유용(제397조의2), 자기거래(제398조) 등의 행위인 경우를 책임제한 적용대상에서 제외하고 있다(제400조 제2항).

가. 고의 또는 중대한 과실

이사의 책임을 제한 즉 일부면제하는 취지는 사업상 위험성을 회사에 전가시켜 이사의 부담을 완화시킴으로써 이사의 적극적인 경영활동을 격려한다는 논리에 그 근거가 있다.[39] 즉 이사가 임무를 다하기 위해 성실히 노력하였지만 성공하지 못하여 회사가 손해를 입게 된 경우에[40] 한하여 이사의 책임을 제한하는 것이다. 따라서 이사가 직무집행에 있어 고의 또는 중과실로 회사에 손해를 야기한 경우 그 손해배상책임은 제400조 제2항의 적용을 받지 아니하여 일부면제될 수 없는 것이다.

나. 충실의무 위반

이사의 회사에 대한 충실의무의 내용으로서 회사의 이익과 이사의 개인적 이익이 충돌되는 경우 이사가 회사의 이익을 우선으로 하여야 한다. 상법상 경업, 회사기회의 유용, 자기거래 등은 이

---

38) 주식회사법대계 II, 911쪽.
39) 이철송, 앞의 책, 770쪽.
40) 주식회사법대계 II, 919쪽.

사의 이 충실의무를 구체화하여 규정한 것이다. 그러나 이에 위반하는 행위는 사업상 위험성과 무관할 뿐만 아니라 오히려 면책하게 되면 더 많은 사익추구를 야기하기 마련이다.[41]

그러나 여기에서 혼동해서는 안 되는 것이 있다. 제400조 제2항은 '…제397조, 제397조의2 및 제398조에 해당하는 경우…'라고 명시하고 있으나 이는 제397조, 제397조의2 및 제398조에 위반하여 경업, 회사기회의 유용, 자기거래를 한 경우를 말하는 것이 아니라 그 행위를 함으로써 회사가 손해를 입은 경우를 가리키는 것이다. 즉 경업 등의 행위 자체를 가지고 판단하는 것이며 이사회 승인이 있는지 여부를 묻지 않는다. 그 이유는 위 행위로 인해 회사가 손해를 입은 것은 곧 이사의 이익을 의미하므로 이사에게 이익이 되는 한 손해배상책임을 제한할 이유가 없기 때문이다.[42]

4) 책임제한 절차

가. 정관상의 근거

제400조 제2항은 「회사는 정관에 정하는 바에 따라…」라고 규정하고 있어 이사의 책임제한 한도를 사전에 정관으로 정하도록 요구하고 있다. 따라서 정관상 책임의 일부를 면제할 수 있다는 내용과 구체적인 면책 한도를 정하여야 한다. 책임을 일부면제하는 것은 회사가 그 만큼 자기 권리를 포기하는 의미가 되므로, 회사가 정관으로 다른 요건을 추가적으로 두는 것이 허용된다고 본다.[43] 그 예로 '일정기간 동안 근무하는 조건', '업무성과에 따른

41) 송옥렬, 앞의 책, 1040쪽.
42) 이철송, 앞의 책, 770쪽.

제한 조건' 등의 요건이 가능하다고 본다.

나. 책임제한의 결정

정관상에 이사의 책임을 제한할 수 있다는 내용과 그 규모를 정하여도, 구체적인 사안에서는 누가 그 결정을 할지는 법에 의하여 정해져야 할 것이나[44] 제400조 제2항은 이에 대하여 아무런 정함이 없다. 이에 대하여 이사의 책임을 전부 면제하는 것은 아니니 주주전원의 동의를 요하지 않는다는 것에는 이의가 없으나 이사회 결의, 주주총회 보통결의나 주주총회 특별결의 중 어느 쪽이 타당한지에 대하여 견해의 대립이 있는 것으로 보인다.[45] 그러나 상장회사 표준정관 제35조 제1항에서 주주총회 보통결의로 책임제한 결의를 하도록 규정하고 있어 위 논의에 대한 해답을 마련하고 있다.

(2) 책임의 면제

1) 총 주주의 동의에 의한 면책

가. 의의

제400조 제1항은 제399조에 따른 이사의 손해배상책임을 주주전원의 동의가 있으면 전부 면제할 수 있도록 허용하고 있다.

이사의 책임을 주주전원의 동의를 받지 않고서도 이사회 또는

---

43) 송옥렬, 앞의 책, 1040쪽.

44) 이철송, 앞의 책, 771쪽.

45) 이철송, 앞의 책, 771쪽; 송옥렬, 앞의 책, 1040쪽; 주식회사법대계 II, 900~903쪽.

주주총회 결의로도 면제할 수 있을 것이다. 따라서 이 조항은 이사의 입장에서 보면 일반적으로 면책을 허용하는 것이 아니라 면책을 더 어렵게 한 것이며,[46] 주주의 입장에서 보면 회사의 이사에 대한 손해배상청구권은 주주 모두가 지분적 이익을 갖는 회사의 재산권이므로 일반적 다수결의 원칙에 의해 포기할 수 없는 까닭에 예외적으로 총주주의 동의를 요구하는 것이다.[47]

총주주의 동의는 의결권 없는 주주의 동의와 주주의 개별적 동의도 가능하며, 판례는 묵시적 동의도 인정하고 있다(2008.12.11. 2005다51471).[48]

나. 불법행위책임과의 경합

이사의 임무해태가 제399조의 회사에 대한 손해배상책임과 동시에 불법행위책임의 요건을 충족하여 두 책임이 경합하게 되면 총주주의 동의로는 제399조의 책임만 면책되고, 불법행위책임은 일반적 채무면제의 절차를 밟아야 면책될 수 있다는 것이 판례(1989.1.31. 87누760)의 입장이다.[49] 그러나 이 경우 불법행위책임이 일반책임면제의 절차에 따라 이사회 결의로 더 쉽게 면책될 수 있게 되니 본조의 취지와 어긋나는 면이 있다고 보는 견해도 있다.[50]

다. 화해와 책임 면제

회사에 손해를 입힌 이사가 그 손해의 일부만 배상하고 나머지

---

46) 송옥렬, 앞의 책, 1042쪽.
47) 이철송, 앞의 책, 767쪽.
48) 이철송, 앞의 책, 767쪽.
49) 이철송, 앞의 책, 768쪽.
50) 송옥렬, 앞의 책, 1042쪽.

부분에 대하여 회사 또는 주주와의 화해를 원할 수 있다. 그러나 이는 이사의 책임을 일부면제하는 결과가 되니 주주 전원의 동의를 얻어야 하는 것은 당연하다. 다만 대표소송을 제기한 다음 법원의 허가를 얻으면 총주주의 동의 없이 화해를 할 수 있다(제403조 제6항).[51]

2) 재무제표의 승인에 의한 면책

가. 의의

정기총회에서 이사가 제출한 재무제표 등을 승인한 후 2년 이내에 다른 결의가 없으면 회사는 이사의 책임을 해제한 것으로 본다. 이는 이사의 책임이 면책되는 셈이 되는 것이다. 다만 부정한 행위가 있으면 책임이 해제되지 않는다(제450조).

여기서 말하는 「...다른 결의...」란 주주총회결의만이 아니라 이사회결의나 회사의 소제기 등을 가리키는 것이고, 「...부정행위...」라 함은 이사나 감사의 행위가 정당화될 수 없는 경우를 포함하는 광의의 의미를 가지며,[52] 회사의 재무제표에는 회사의 대차대조표, 손익계산서(제447조 제1항), 자본변동표, 이익잉여금 처분계산서 또는 결손금처리 계산서, "주식회사의 외부감사에 관한 법률" 제2조에 따른 외부감사 대상 회사의 경우에는 추가로 현금흐름표 및 주석註釋이 포함된다(상법 시행령 제16조 제1항).

---

51) 송옥렬, 앞의 책, 1042쪽.
52) 송옥렬, 앞의 책, 1043쪽.

나. 실효성

판례(2002.2.26. 2001다76854)는 이사의 그 책임사유가 재무제표 등을 통아여 알 수 있어야 하고, 그것이 재무제표에 기재되어 있는 것만으로 제450조를 적용할 수 없다고 판시하고 있다. 따라서 재무제표 등에 책임사유가 나타나는 경우가 거의 없으므로 본조에 의해 면책되는 일은 거의 없다.[53]

2. 몽골 회사법

회사법상 아직 이사의 책임을 제한하는 규정이 없다. 다만 집행임원의 경우 회사와의 계약에 책임을 제한하는 내용을 명시할 수 있다고 규정하고 있다(제83조 제7항).

한편 2011년에 회사법이 개정됨에 따라 금융관리위원회가 2012년 3월 14일 주식회사의 표준정관[54]을 제정한 바가 있다. 이 표준정관은 의무적으로 준수할 규범은 아니지만 주식회사를 대상으로 그들이 회사법의 개정된 내용에 맞게 회사 정관을 변경하는데 참고의 역할을 할 것을 목적으로 한 것이다. 표준정관 제8조 제5항에 따르면 "이사의 책임 추궁 및 책임 범위 결정은 이사회 업무규칙 및 의사결정권자와의 근로계약서, 회사의 내부규칙에 따르도록 하되 불가능한 경우 법원에 그 결정을 요한다."고 규정하고 있다. 따라서 소송까지 거치지 않더라도 회사가 자치적으로 이사의 책임을 제한하거나 그 범위를 정할 수 있는 것이다.

---

53) 송옥렬, 앞의 책, 1043쪽.

54) 금융관리위원회(Financial Regulatory Commission) 명령서, 2012.03.14, 제74호, 주식회사 표준정관. http://www.frc.mn/legal/detail?id=3509 (검색일 2015.06.10.).

그리고 회사법은 회사에 발생한 손해가 이사회 결의에 의한 경우 그 결의에 대하여 이의를 가지고 있었거나 해당 회의에 불참한 이사의 책임을 면하고 있다(제84조 제8항). 이사회에 참석한 이사의 성명, 회의 진행 내용 등을 회의기록에 기재하여야 하기 때문에(제80조 제11항) 이사가 회의에 불참하거나 결의에 이의가 있었는지 여부는 회의기록에 의하여 증명될 것이다. 또한 회의에 참석하였지만 회의 기록에 서명하지 않았다면 이의가 있었던 것으로 추정될 수 있다. 다만 이사가 그 서명거부 사유를 서면으로 작성해 회의기록에 첨부한 경우에야 그 사실이 인정된다(제80조 제13항).

Ⅲ. 몽골 회사법상의 행정처벌

몽골 회사법은 일부 조항을 위법한 자에 대하여 행정벌금 처벌제도를 마련하고 있다. 회사법을 위반한 행위는 형사처벌을 받을 정도가 아닌 경우에 한하여 법원이나 금융관리위원회 공무원이 행정벌금처벌을 부과할 수 있다(제100조 제1항). 이 제도는 1999년에 회사법을 제정할 때 없었으나 2011년에 법이 개정되면서 도입된 것이다.

1. 행정처벌이 부과되는 이사의 위법행위

회사법은 행정처벌이 부과되는 위법행위를 제100조 제1항 내지 제4항에서 규정하고 있으며 그 중 이사에게 해당하는 규정이 일부 있다.

우선 회사법은 이사의 자격에 관하여 그 결격 사유를 명시하고 있는 것은 위에 54 페이지에서 서술한 바와 같다. 그러나 그 결격 사유가 있는데도 불구하고 회사가 그 자를 이사로 선임했거나, 결격사유 있는 자가 그 사실을 알리지 않고 이사로 선임된 경우에 그 회사나 이사가 바로 행정처벌의 대상이 된다.

또한 이사회 비서인 이사가 서류보관의무를 불이행하거나 주주에 대한 정보제공의무를 다하지 못한 경우에도 행정벌금 처벌을 받을 수 있다.

2. 행정처벌의 규모

회사법은 위의 위법행위를 한 자에 대하여 행정처벌의 하나인 벌금 처벌을 부과한다. 현재 적용되고 있는 최저임금[55]을 기준으로 회사와 자연인을 구분하여 그 벌금의 규모를 다르게 책정하고 있다. 그러나 유한책임회사는 본 조문의 적용을 받지 않으며 오직 주식회사만이 처벌대상이 된다.

위법한 자가 회사(주식회사)인 경우 월 최저임금의 최소 20배 최고 30배에 해당하는 벌금을 부담하며, 자연인 즉 이사가 법을 위법한 경우 월 최저임금의 10배 내지 15배에 해당하는 벌금을 납부하여야 한다.

---

55) 현재 최저임금이 월 192,000 투그릭, 시간당 1142.85투그릭임. (환율 1원=1.82TUG), http://www.cmtu.mn/index.php?option=com_content&view=article&id=411%3A2013-09-05-04-26-20&catid=64%3Anews&Itemid=107&lang=mn (검색일 2015.04.23.).

제4절
이사외의 책임의 주체

한국 상법과 몽골 회사법은 이사 외의 회사의 의사결정에 참여하거나 실제로 업무집행을 하면서 회사에 손해를 끼칠 수 있는 자를 명시하여, 그들에게도 이사와 같은 손해배상책임을 부과하고 있다.

I. 한국 상법상의 업무집행지시자 등

이사와 같은 법정기구가 아닌 자가 이사에 대해 갖는 사실상의 영향력을 행사하여 적정하지 않은 방법으로 업무를 집행하게 하거나 이사가 아니면서 회사 내에서 갖는 사실상의 힘을 바탕으로 업무를 집행하여 회사에 손해를 끼칠 수가 있다.[56] 이를 고려하여 상법이 업무집행지시자 등에 대한 손해배상책임제도를 마련하고 있다.

상법 제402조의2는 ①회사에 대한 자신의 영향력을 이용하여 이사에게 업무집행을 지시한 자 ②이사의 이름으로 직접업무를 집행한 자 ③이사가 아니면서 명예회장 · 회장 · 사장 · 부사장 · 전무 · 상무이사 기타 회사의 업무를 집행할 권한이 있는 것으로 인정될 만한 명칭을 사용하여 회사의 업무를 집행한 자를 업무집행지시자 등이라는 명칭 하에 이사와 같이 보고, 회사 및 제3자에

56) 이철송, 앞의 책, 779쪽.

대한 책임을 부과하며 회사의 주주가 그 책임을 추궁하는 대표소송을 제기할 수 있도록 하고 있다.

이 조문은 기업집단에서 사실상 중요한 의사결정을 내리는 지배주주에게 그 영향력에 상응하는 책임을 묻기 위해 신설된 것이다. 지배주주는 회사법에서 전제하였던 바와 다르게 주주총회를 거치지 않고서도 사실상 회사의 의사결정을 좌우하는 영향력을 행사한다. 그러나 지배주주가 직접 이사의 지위를 가지지 않는 경우에는 주의의무나 충실의무를 부담하지 않았고 제399조, 제401조의 책임도 지지 않았다. 이 제도는 독일 주식법 제117조의 영향력 행사자 또는 영국 회사법의 배후이사 제도를 도입한 것이다.[57]

위의 ①과 ②는 지배주주와 같이 회사에 대하여 영향력을 가진 자가 이사에게 지시하여 업무를 집행하거나 그 대신 자신이 직접 이사의 명의로 임무를 집행하는 경우이며, ③은 회사의 업무를 집행할 권한이 있는 것으로 인정될 수 있는 명칭을 사용하는 표현이사의 업무집행에 관한 경우이다.[58]

Ⅱ. 몽골 회사법상의 의사결정권자

회사법은 회사의 공식적 의사결정에 직접·간접적으로 참여할 수 있는 기능적 역할을 기준으로 이사뿐만이 아니라 회사의 공동집행임원, 집행이사, 재무담당 최고책임자CFO, 회계 과장accountant general, 이사회 비서 등의 임원을 의사결정권자로 정의하고(제84조 제1

57) 송옥렬, 앞의 책, 1052쪽.

58) 송옥렬, 앞의 책, 1053쪽.

항), 그들의 행위로 인하여 회사 또는 제3자에 대하여 손해가 발생한 경우 손해배상책임을 부과하고 있다(제84조 제6항, 제85조 제2항).

의사결정권자인지를 결정할 수 있는 기준으로 그들이 회사에 대하여 충실의무 및 주의의무를 부담하는지 즉 회사와 신인관계 fiduciary relationship에 있는지 여부를 확인하여야 한다.[59]

회사는 자기 규모와 특성을 고려해 의사결정권자의 명단을 정관에 기재하여야 하는데(제84조 제2항) 이는 책임의 주체를 명확히 하기 위함인 것으로 판단된다. 이사 외의 의사결정권자의 책임은 회사의 형태를 불문하고 모든 회사에 인정된다.

상당히 예외적인 규정으로, 유한책임회사에서 추가로 발행주식총수의 100분의 20 이상을 단독으로 또는 특수관계인과 같이 보유하는 자를 회사의 의사결정권자와 같이 보고 그의 임무해태로 인한 손해배상책임을 제한적으로 인정하고 있다(제84조 제10항). 또한 이해상충거래에서는 일정한 주식을 보유하는 주주, 특수관계인 등 그 거래의 당사자들도 손해배상책임을 부담할 수 있다(제90조 제1항, 제93조 제1항).

---

59) D.Ayush 외, 앞의 책, 36쪽.

05

책임의 추궁

제1절 대표소송

I. 의의

대표소송이란 소수주주가 이사의 회사에 대한 책임을 추궁하는 소송으로서 이사의 손해배상책임을 실현하는 데 중요한 제도이다. 한국 상법은 제403조 내지 제406조에서 제소권자의 자격, 제소절차, 소송의 효과 등을 규정하고 있고, 몽골 회사법은 제84조 제7항, 제86조 제1~2항, 제90조 제2항, 제93조에서 제소권자의 자격 및 제소요건 등을 규정하고 있다.

대표소송이 한국에서는 아직 상대적으로 활성화 되어 있지 않다는 평가를 받고 있으며, 그 이유로 일정한 비율 이상의 지분을 보유한 주주에게만 제소권을 인정한다는 점을 지적하는 경우도 있다. 그밖에 주주에게 대표소송을 제기할 인센티브가 적다는 점도 하나의 문제이다. 소송의 비용은 소송을 제기한 주주가 부담하지만 그 이익을 주주 전체가 공유하기 때문이다.[1] 그러나 몽골은 아직 대표소송이 없는 상태이고 앞으로 국내에서의 회사법 발전에 따라 많이 활성화될 것으로 기대한다. 따라서 대표소송에 관한 규정을 사전에 잘 연구하고 완비하는 것이 중요하다.

Ⅱ. 한국 상법에서의 대표소송[2]

1. 이사의 책임의 범위

상법 제403조은 소수주주가 회사를 위하여 이사의 책임을 추궁하는 소송을 제기할 수 있게 하였다. 이는 미국식 대표소송 제도를 본받은 것이며, 소송을 제기한 주주가 자신만의 이익을 위해서 하는 것이 아니라 주주 전원의 이익을 위해서 하는 소송이다.

그러나 본조는 "이사의 책임을 추궁할"이라고만 하여 이사의 지위에만 해당하는 책임인지, 이사의 회사에 대한 모든 채무를 포함하는지에 대한 견해의 대립이 있다. 소수설은 전자의 입장을 취하기 때문에 제399조의 책임과 제428조의 인수담보책임으로 한정된다고 하여 그의 범위를 좁은 의미로 해석한다. 통설은 후자의 입장을 취함으로써 이사의 회사에 대한 대여금채무, 취임 전에 회사에 대하여 부담하던 채무, 상속 또는 채무인수에 의하여 승계취득한

---

1) 송옥렬, 『상법강의』 제4판, 홍문사, 2014, 1060쪽.

2) 본 부문은 송옥렬, 위의 책, 1060~1067쪽을 요약함.

등의 이사가 제3자로서 회사에 대하여 부담하는 모든 채무를 대표소송으로 청구할 수 있다고 본다.

2. 제소권자의 자격

대포소송을 제기할 수 있는 주주는 소수주주로서 발행주식의 총수의 100분의 1 이상의 주식을 가진 주주라면 청구할 수 있다(제403조 제1항). 다만 상장회사의 경우 발행주식 총수의 1만분의 1 이상을 6개월간 보유한 자여야 하며(제542조의6 제6항), 판례는 상장회사의 주주라고 하여도 보유하는 주식수가 제403조 제1항의 요건을 충족하는 경우 그 보유기간과 상관없이 대표소송 제소권을 가진다고 인정하고 있다.[3]

제소 후 보유주식 수가 그전보다 감소되어도 제소의 효력엔 영향이 없으나(제403조 제5항) 주식을 전혀 보유하지 않게 되면 원고적격을 상실한다(2002.3.15. 2000다9086).

3. 소송

주주가 바로 대표소송을 제기하는 것은 아니고 먼저 회사에 이유를 기재한 서면으로 소의 제기를 청구한다(제403조 제1~2항). 회사가 청구서를 받은 후 소를 제기하지 않고 30일 경과하면 주주가 즉시 소를 제기할 수 있다. 그러나 회사가 명시적으로 소제기를 거절한 경우, 회사에 회복할 수 없는 손해가 생길 염려가 있는 때에는 회

---

[3] 판결: 2004.12.10. 2003다41715; 서울 고등법원 2001.4.1. 2011라123.

사에 청구하지 않고 바로 소를 제기할 수 있으며 주주가 30일이 경과하기 전에 먼저 소를 제기하였는데 30일을 경과하여도 회사가 소를 제기하지 않으면 하자가 치유됨으로 법원이 소를 각하할 수 없다(2002.3.15. 2000다9086).

대표소송은 회사의 본점소재지 지방법원의 전속관할이며(403조 제7항, 제186조), 이사는 소를 제기한 주주의 악의를 소명하기 위하여 상당한 담보를 제공하도록 청구할 수 있다(제403조 제7항 제176조 제4항). 주주는 소송물에 대한 처분권이 없으므로 소제기 후 법원의 허가 없이는 소를 취하, 청구를 포기·인락·화해할 수 없다(403조 제6하).

소송에 의하여 회사의 이익이 침해될 수 있으니 회사는 소송에 직접 참가할 수 있으며 소송참가를 보장하기 위하여 주주는 소제기 후 지체 없이 회사에 대하여 소송을 고지하여야 한다(404조 제1~2항).

4. 판결의 효과

제소한 주주는 승소하면 소송비용 및 그 밖에 소송으로 인하여 지출한 비용 중 상당한 금액을 회사에 청구할 수 있고, 이를 지급한 회사는 이사에 대하여 다시 구상권을 행사할 수 있다(제405조 제1항). 그러나 패소한 때에는 회사를 해할 것을 알고 부적절한 방법으로 소송을 수행한 경우를 제외하고는 회사에 대하여 아무 책임이 없다(제405조 제2항).

5. 이중대표소송

자회사의 임무해태 등으로 인하여 자회사에 손해가 발생하였는데 자회사가 그 이사의 책임을 추궁하지 않는다면 그 이사를 상대로 대표소송을 제기할 수 있는 원고의 적격을 모회사의 주주가 가지는지가 문제가 된다. 이런 소송을 이중대표소송이라 한다. 판례는 책임추궁을 당한 이사가 속하는 회사의 주주에게만 원고적격을 인정하여 이중대표소송을 부정하고 있다(2004.9.23. 2003다49221).

Ⅲ. 몽골 회사법에서의 대표소송

몽골 회사법은 이사가 소정의 의무를 불이행하거나 이해상충거래로 인하여 회사에 손해를 가한 경우에 대하여 대표소송제도를 마련하고 있으며 두 제도 사이에 다소의 차이가 있다.

1. 이사의 임무해태에 관한 대표소송

이사는 제84조 제4항의 의무를 불이행함으로서 회사가 입은 손해를 배상할 책임이 있으며 주주는 그 이사를 상대로 소송을 제기할 수 있다(제84조 제7항). 그 소송에서 이사가 패소할 경우 손해배상액은 원고인 주주에게 지급하는 것이 아니라 실제로 그 손해를 입은 회사에 지급하여야 한다. 여기서 주주가 소송을 제기할 수 있는 이사의 책임은 제84조 제4항의 의무 불이행책임으로서 제85조 제2항의 이사의 위법행위로 인한 손해는 오직 회사나 그 손해를 입은 제3자만이 청구할 수 있다.

2. 이해상충거래에 관한 대표소송

이해상충거래로 인하여 회사에 손해가 발생하면 그 잘못이 있는 이사를 상대로 회사의 보통주주가 소송을 제기할 수 있다(제90조 제2항). 이 경우에도 그 소송에서 이사가 패소할 경우 손해배상액은 원고인 주주에게 지급하는 것이 아니라 회사에 지급하여야 한다. 여기서 주주의 자격에 대한 아무런 제한이 없으며 책임의 범위를 이해상충거래로 인한 손해로 한정하고 있다.

제93조 제5항에서도 보통주주가 제89조 제1항의 자 즉 이사를 상대로 회사에 대한 손해를 소송으로 청구할 수 있도록 허용하고 있다. 제89조 제1항에서 열거된 자는 이해상충거래의 당사자들로서 얼핏 보면 제90조 제2항의 대표소송과 차이 없는 것처럼 보일 수 있다. 그러나 본 조문이 속하는 제93조는 '이해상충거래 절차 위반으로 인한 손해의 배상'에 관한 사항을 다루고 있어 위의 제93조 제5항은 이사가 이해상충거래에 관한 절차를 준수하지 않아 회사에 손해가 발생하면 주주가 소송을 제기할 수 있도록 허용한 것이다.

참고로 채권자 등의 이해관계 있는 자는 이해상충거래의 무효확인 소송을 제기할 수 있으며(제93조 제2항, 민법 제57조 제1항), 이 경우 피고들은 거래에 의하여 이전된 계약물을 반납하여야 하고 불가능한 경우 대금을 지급할 의무가 있다(민법 제56조 제5항). 또한 그 거래로 인하여 발생한 손해는 잘못이 있는 자가 배상할 책임이 있다(민법 제56조 제6항).

3. 제소권자 및 그의 자격

제84조 제7항, 제90조 제2항 및 제93조 제5항(이하 '기본 대표소송'이라 한다)은 1주라도 보유하는 주주라면 소송을 제기할 수 있도록 규정하고 있으나 회사법 제86조 제1항은 회사가 발행한 보통주의 100분의 1 이상을 보유하는 자가 회사에 손해를 가한 이사를 상대로 소송을 제기할 수 있다고 규정하고 있다. 이 조문들을 결합해 보면 다음의 3가지 해석이 가능하다. ① 좁은 의미로 이는 일반 대표소송을 제기할 수 있는 자에 대한 자격기준을 정한 것에 불과하다. 따라서 이사의 위법행위로 인한 손해를 제외하고 회사에 손해가 발생한 경우 보통주 100분의 1 이상을 보유하는 주주만이 이사를 상대로 소송을 제기할 수 있다. ② 넓은 의미에서 보통주 100분의 1 이상을 보유하는 주주라면 회사에 손해를 야기한 이사의 모든 채무를 소송으로 청구할 수 있도록 규정하였다는 해석도 가능하다. 따라서 일반 대표소송 제소권자의 자격을 정한 동시에, 이사의 위법행위로 인하여 발생한 손해(제85조 제2항)도 대표소송에 의하여 청구할 수 있게 한다는 결과가 된다. ③ 보통주 100분의 1 이상을 보유하는 주주라면 일반 대표소송을 제외하고 나머지 이사의 모든 채무를 소송으로 청구할 수 있다. 따라서 그 주주는 제85조 제2항의 손해배상책임을 포함한 이사의 모든 채무를 청구할 수 있고, 제84조 제7항, 제90조 제2항 및 제93조 제5항의 제소권자는 주주이면 충분하고 다른 요건이 없다는 의미가 된다. 회사법의 구조를 감안할 때에 ①이 타당하다고 본다.

Ⅳ. 몽골의 Golomt은행에 관한 사건 소개

몽골에 아직은 이사의 책임을 추궁한 소송이 없다. 그러나 사회적으로 큰 논란이 되던 사건이 가끔 있었다. 당시 Golomt(골롬트)[4]라는 은행의 발기인이자 주주가 2013년 5월 24일 은행 경영진을 대상으로 그들의 위법행위를 작성한 공개편지[5]를 몽골은행 은행장에 보냈으며, 그 편지가 언론을 통해 알려지면서 큰 논란을 일으켰다. 그 후 골롬트 은행과 관련된 불법적인 행위들이 하나씩 드러나면서 한 동안 은행 예금자뿐만 아니라 국제 투자자들의 신뢰를 잃기도 하였다.[6]

그 편지에 은행 경영진의 다수의 불법적인 행위를 나열하였으나, 대부분은 은행법을 위반한 행위 즉 법정의 한도를 넘어 대출을 하거나 보증을 한 경우, 은행 재무제표에 대한 회계감사를 받지 않거나 중요한 회계 자료를 폐기한 경우 등이 있었다. 그리고 이 사건의 주범은 당시 골롬트 은행 이사회 의장과 집행임원들인 것으로 나타났다.

편지 내용 중 회사법 및 은행의 임원들과 관련된 부분을 살펴보면, "은행 집행이사가 그 임무의 수행을 소홀히 하거나 일부 임원들이 일방적인 행위를 하고, 그에 대하여 이의를 제가한 주주들에게 주식 보유권의 포기를 요구하는 등", "집행임원들 중 몇 명이 개인 명의로 예금계좌를 개설해 은행 주주 및 투자자들의 거액의

---

4) http://golomtbank.mn/

5) L.Bold가 자기 설립한 Golomt 은행의 불법적인 행위를 공개하고 거래자와 예금주들에게 주의를 줬다.(기사) http://tvmongolia.mn/read/1458 (검색일 2015.06.10.).

6) Bloomberg가 Golomt에 대해서 무슨 말을 했나?. (기사) 2014.2.13. http://www.new.mn/News/Detail?news_code=16823 (검색일 2015.06.15.).

자금을 예치하는 등", "주주총회나 이사회를 개최한 것처럼 허위 자료를 구비하여 원하는 불법적 결의를 만들어 내는 등", "회사법 제59조 제4항에 따라 결산기 종료 후 4월 이내에 개최되어야 하는 주주총회가 그 기간 내에 소집되지 않고 있다는 등"의 위법 행위가 있다고 밝혔다.

주주의 입장은 이런 불법행위로 인하여 차후 예금자나 투자자들의 재산이 위험해질 수 있으니까 주의를 주고, 그 위험을 미리 방지하고자 하는 것이 목적이었다고 했으며, 그로 인한 손해에 대한 아무런 언급이 없었다.

생각건대, 회사의 규모와 사회적인 영향이 클수록 그들의 임원들이 하는 위법행위의 영향이 크다는 사실을 알 수 있다. 따라서 회사의 이사나 집행임원들의 책임제도를 개선하고 정비하는 것이 현재로서 몽골 회사법에 가장 중요한 과제라고 본다.

제2절
형사책임

I. 의의

이사는 회사에 대한 회사법상의 의무를 다하지 못하여 회사 및 제3자에 대한 손해배상책임을 부담하기도 하지만 때로는 형사책임을 부담하는 경우도 있다.

한국 형법 제355조 제2항에 따르면 "타인의 사무를 처리하는 자가 그 업무상 임무에 위배하는 행위로써 재산상의 이익을 취득하거나 제삼자로 하여금 이를 취득하게 하여 본인에게 손해를 가한 때" 배임죄가 성립된다. 다만 이사는 회사의 사무를 처리하는 자로서 자기 업무상의 임무에 위배하여 회사에 손해를 가한 때에는 업무상 배임죄가 성립하여 10년 이하의 징역 또는 3천만원 이하의 벌금에 처한다.

몽골 형법[7] 제150조는 기업 및 개인의 재물을 그 위임을 받은 자가 횡령하거나 분실하여 손해가 발생하면 그 범죄 정도에 따라 5년 이하의 자격정지, 물건압수 및 10년 이하의 징역에 처하도록 규정하고 있다.

Ⅱ. 몽골 대법원 2013년 7월 3일 제330호 판결[8] 소개

1. 의의

몽골에 한 동안 언론을 통해 대중에 논란을 일으키던 이른바 "Anod의 사건"이라 불리는 사건이 있었다. 이는 당시 "Anod"이라는 은행의 이사회 의장, 이사, 집행이사 5명 및 그 외의 10명이 피고인으로 된 대형의 사건으로 피해자 수 및 손해 규모로 매우 큰 사건이었다. 처음 2008년 12월 10일에 수사를 착수한 후 약 4년의 기간을 거치면서 41명의 관계자를 수사하고 383명의 증인을 조사하였으며,[9] 2013년 1월 10일 제1심 판결,[10] 2013년 4월 17

---

7) 몽골 형법, http://legalinfo.mn/law/details/50?lawid=50 (검색일 2015.06.10.).

8) http://old.shuukh.mn/eruuhyanalt/522/view (검색일 2015.06.05.).

9) 대법원 공고 자료, http://www.supremecourt.mn/index.php?option=com_content&view=article&id=1533:2013-07-03-08-45-01&catid=26:2010-11-10-08-10-56 (검색일 2015.06.05.).

일 제2심 판결,[11] 2013년 7월 3일 대법원 판결이 나왔다.

그 은행이 도산함으로 인하여 국가가 예금자들을 보호하는 차원에서 인수를 하였으며, 현재 "State Bank"[12]라는 명칭 하에 운영되고 있다.

2. 판결 내용

피고인: Y1 (Anod 은행 이사회 의장)

Y2 (Anod 은행 집행이사 1999-2005)

Y3 (Anod 은행 이사)

Y4 (Anod은행 집행이사 2008.3-2008.11)

Y5 (Anod 은행 고객지원부 이사)

Y6~Y15 (다른 회사의 경영진 및 무직인)

피해자: Anod 은행, 예금자 2명, 주주 1248명

사실관계:

A. 은행법 위반죄 (형법 제156조)

① 은행법(1996) 제27조 제2항에 따라 은행은 10억 투그릭의 자본금을 마련하여야 하는데, 피고인 Y1, Y2, Y3은 1999.4.7. Anod 은행을 설립할 때 자기 재산이 없음에도 불구하고 6개의 회

10) Bayanzurkh구 법원, 2013.01.10, 제34호 판결(제1심), http://old.shuukh.mn/eruuanhan/15692/view (검색일 2015.06.05.).

11) 수도 법원, 2013.04.17, 제287 판결, http://old.shuukh.mn/eruudavah/2948/view (검색일 2015.06.05.).

12) State bank의 홈페이지, https://www.statebank.mn/w/en/ (검색일 2015.06.15.)

사에서 그에 상응하는 자본금을 입금한 것처럼 허위 자료를 구비하였다. 게다가 몽골은행에서 은행자본금 최저한도를 올림에 따라 13명의 주주가 30,941,430,800투그릭의 출자를 한 것처럼 자료를 만들어 은행 자본금을 허위로 증자하였다.

② 외국의 San Marino, Moneygram Investcom, Sumitomo Mitsui, Bank Partner 은행에서 개설한 당방계정(nostro account)[13]의 채권을 Anod 은행 회계장부에 실제금액보다 높게 기재하고, 58,612,169,184 투그릭의 허위 채권을 만들어 자기 주식을 매수했으며, 이른 바 1차 패키지라는 대출의 원금 및 이자를 상환하여 은행법(1996) 제28조를 위반하였다.

③ 예금자인 X1 및 X2의 3,501,275,656 투그릭의 예금을 회계상에 예금으로 기재하지 않고 누락시켰다.

④ Y1, Y2, Y3, Y4, Y5은 36개의 개인과 기업에 대하여 대출위원회 결의 및 조사 없이, 담보물이 부족한 상태에서 또는 담보물 없거나 담보물 가치 이상으로 총 41,926,288,986 투그릭의 대출을 주고, 그 대출자의 전의 대출과 다른 자의 대출을 상환하거나 타인의 명의로 대출서류를 구비하여 다른 채무자의 대출을 상환하여 은행법 제16조 제1~3항 등을 위반하였다.

⑤ B회사의 토지를 담보로 하여 A회사의 명의로 대출 받은 4,000,000 달러와 C1, C2, C3 회사의 신용계약에 따라 예치한

13) 외국환은행이 외국환업무를 수행하게 되면 외화자금을 지급하거나 지급받게 되므로 해외에 있는 은행에 당좌예금계정을 개설하게 되는데, 개설한 은행이 이 예금계정을 부를 때 당방계정이라고 한다. 주요 통화별로 당방계정을 보유하게 되는데, 미 달러의 경우에는 뉴욕 · 시카고 · 로스앤젤레스 · 샌프란시스코 등지의 은행에 보유하고 엔화의 경우는 프랑크푸르트와 뒤셀도르프, 파운드의 경우에는 런던의 은행에 보유하는 것이 일반적이다. [네이버 지식백과] 당방계정 (매일경제, 매경닷컴) http://terms.naver.com/entry.nhn?docId=3169&cid=43659&categoryId=43659 (검색일 2015.07.15.).

4,510,893,757 투그릭을 "National Park" 프로젝트에 사용하였다.

⑥ Y1, Y2, Y3, Y4은 은행업 운영 시작부터 2008년 12월 10일까지 적자를 보고 있었는데도 금융관리위원회에 흑자인 것처럼 보고하여 자본금 증자 목적으로 주식 공개발행 허가를 받아 유가증권 거래소를 통해 8,564,541 개의 주식을 1248개의 개인 및 기업에 대하여 발행하여 9,249,704,280 투그릭의 손해를 입혔다.

따라서 은행법 위반으로 인해 Y1, Y2, Y3은 총 122,444,461,864.52 투그릭, Y4은 29,114,099,819 투그릭, Y5은 6,801,751,010 투그릭의 손해를 Anod 은행에 발생시켰다.

B. 타인의 재물 횡령죄 및 분실죄(형법 제150조)

① Y1은 2008년 국회의 선거 때 Zavkhan(자브칸) 아이막[14] 후보자로 출마하면서 Y4을 시켜 그 지역에 은행 지점 설치 목적으로 조사팀을 만들어 그 조사 "비용"으로 880,312,372.24 투그릭을 받았고, 26개의 카라오케 기계 대금인 76,675,488.50 투그릭을 지급케 하는 등으로 총 956,987,860.74 투그릭을 횡령하였다.

② Y3와 Y4은 선거 홍보 목적으로 2008.3.3. 100,000,000 투그릭, 2008.6.24. 20,000,000 투그릭, 총 120,000,000 투그릭을 받았지만 반환하지 않아 횡령하였다.

판결: 대법원은 위의 Y1~Y5의 피고인의 행위는 형법 제156조의 은행법 위반죄 및 종법 제150조의 횡령죄가 성립한다고 판단하여 각자 금전적인 처벌과 징역 5년까지 선고하였고, 피고인

[14] 몽골의 21개의 지방 행정구역중 하나이며, 한국의 도(道)와 비슷한 개념이다.

Y6~Y15은 무죄 선고를 받았다.

당시 피고인들의 변호사들이 이 사건은 형사 사건이 아니라 민사 사건으로 보아야 한다는 입장을 표명하기도 하였다. 그 근거로 은행법을 제시하고 있었다. 그들은 은행이 적자를 보거나 재무능력이 부족한 상태가 되면 은행법에 따라 민사책임이 된다고 주장하였다.[15]

한편 피고인들은 재판 당시 및 그 후에도 "은행을 운영함에 있어서 매우 위험한 방법을 택하여 계획을 잘못 세운 결과 이런 상황이 발생하였다"는 말을 하곤 하였다.[16] 생각건대, 변호사들은 피고인들의 행위가 형법상의 은행법 위반죄 및 횡령죄이기 보다 회사의 경영진 즉 의사결정권자로서의 주의의무 및 충실의무 위반행위에 더 가깝다는 식으로 주장하는 것도 가능하지 않았을까 생각이 든다.

제3절
몽골 국유기업의 특수성

몽골에서 법으로 주식회사 및 유한책임회사, 개인회사 및 국유회사의 형태를 구분하고 있다. 전자는 주식의 양도성과 거래성을 기준으로 하였고, 후자는 회사에 출자한 자가 누구인가 즉 회사의

15) B.Oyunbileg, "Anod의 사건은 형사 사건이 아니다"(변호사와의 인터뷰) 2013.3.12., http://www.assa.mn/content/11515.shtml?a=social (검색일 2015.6.10.).

16) D.Enkhtur, "Anod 은행 도산에 대한 책임은 저희에게 있다."(피고인과의 인터뷰 2013.08.30.) http://www.eagle.mn/content/read/3802.htm (검색일 2015.06.10.).

주식을 보유하는 자가 개인인가 국가인가에 따라 구분한 것이다.

이사의 책임을 추궁하는 것은 개인회사에도 중요하지만 국유회사의 이사의 선임과 책임의 추궁이 몽골에서 사회적 비판을 많이 받고 있다. 특히 국유회사이면 다 적자만 내고 있는 현재 상황에서 더욱 중요한 연구 분야이다. 본문에서 국유회사의 종류, 이사의 선임 및 책임에 관한 사항을 간단히 다루고자 한다.

I. 국유회사의 법적 지위

1. 국유기업의 종류

국가가 단독으로 설립한 법인을 국유기업state-owned enterprise이라 하며(국가 소유물 및 지역 소유물에 관한 법률 제13조 제2호), 국가가 주식을 보유하는 법인 즉 국가의 출자법인을 국가참여법인company with state participation이라 한다(동법 제21조 제1항).[17] 현재 몽골에 국유기업 및 국가참여회사 모두가 83개 있으며 그 중 9개의 회사를 제외하고 나머지 100% 국가 소유의 회사들이다.[18] 광산업의 발전에 따라 기존의 그 분야의 국유회사들이 더 커지고 있고, 차후 대형 국유회사들도 더 많이 설립될 가능성이 높다.

---

17) 이하 편의상 국유회사라고 표현하겠다.

18) 국가재산관리위원회, 국유기업 명부, http://www.spc.gov.mn/turiinumch/tu-h-egeeduuc (검색일 2015.04.23.).

2. 법의 적용

회사법의 적용범위를 회사법 제2조에서 정하고 있으며, 몽골에서 활동하고 있는 회사이면 그 지분소유의 유형, 재산 및 생산의 규모, 내부적 구조에 상관없이 회사법의 적용범위에 해당한다. 그러나 국유기업에 대하여 예외적으로 회사법의 적용을 받을 수 있는 경우를 열거하고 있다. 국유기업의 사유화에 의하여 설립된 회사의 활동(제2조 제3항), 국가참여회사의 독립이사 및 집행임원의 선임, 이사회내 위원회, 이사회 비서 및 그들의 직무에 관한 관계(제2조 제4항), 국유기업의 재설립으로 인하여 만들어진 국유회사의 활동(제2조 제4항)에 대하여 회사법이 적용된다.

II. 국유회사의 이사의 선임과 책임의 추궁

1. 이사의 선임 및 보수

현행 회사법에 따라 국유회사의 이사회는 9명 이상의 이사로 구성되며 그 중 3분의 1 이상은 독립이사여야 한다(제75조 제4항). 국유회사의 독립이사를 선임하기 시작한 것은 2010년부터[19]이며 그전에 일반이사들로만 구성되어 있었다. 현재 대학교 교수, 일반 회사의 임원, 비정부기구NGO의 대표, 일반인들로 독립이사를 구성하고 있는데, 반면에 일반이사들로 해당 관할 정부기관[20]에서 근무하는

19) S.Bold-Erdene, 국유회사의 이사회(기사), 2011.03.07., http://www.mongolianminingjournal.com/content/14452.shtml (검색일 2014.10.05.).

차관 및 그 이하의 공무원들을 선임하고 있다.[21] 이사는 주주총회에서 선임하며, 국유회사의 주주는 국가이고, 국가를 대표하는 기관은 국가재산위원회이기 때문에 국유회사의 이사를 그 위원회에서 선임하는 것이다.

기존의 국유회사의 이사는 일반이사와 독립이사를 불문하고 급여를 받지 않고, 일반 문구용품 등의 비용만 지원받고 있었고,[22] 받는다고 해도 그 금액이 매우 낮아 이사회 의장이면 월 25만 투그릭, 비서는 15만 투그릭, 이사는 20만 투그릭[23] 정도이었다. 현재 정부에서 국유회사의 이사는 최저임금의 2배 이상의 급여를 받을 수 없도록 제한하고 있다.[24]

2. 이사의 책임의 추궁

국유회사의 이사는 국가재산위원회에서 선임되고, 그의 지시를 따르기 때문에 이해충돌이 생길 가능성이 가장 높다. 이사가 의사결의를 할 때 회사를 위해서 할지, 자기를 선임한 기관을 위해서 할지 선택할 때가 있을 수 있으며 결국은 회사의 이익을 후순위로 두게 될 수도 있다.[25]

---

20) 교통부, 국가재산위원회(The State Property Council), 보건부, 건설도시계획부, 생산무역산업부, 전력부 등.

21) 국가재산관리위원회, 국유회사의 이사회 구성표, http://www.spc.gov.mn/turiinumch/company-zasaglal (검색일 2015.04.23.).

22) S.Bold-Erdene, 상게 기사. (검색일 2014.10.05.).

23) Ts.Baasansuren, Mongolian Railway 국유회사의 행정실 실장 M.Gantugs과의 인터뷰, 2012.12.12., http://www.medee.mn/main.php?eid=24208 (검색일 2014.10.23.). 그 당시 미국 달러의 환율로 계산하면 각 178USD, 107USD, 143USD 정도 된다.

24) G.Dari, 6백만 투그릭의 월급을 받는 이사는 누구?(기사), 2015.01.28., http://politics.news.mn/content/202626.shtml (검색일 2015.03.2[illegible].)

25) S.Bold-Erdene, 앞의 기사.

물론 국가는 주주로서 이사를 선임하는 것은 당연한 일이지만 주주로서의 역할은 그에 그치고 이사회가 독립적으로 일할 수 있도록 환경을 마련해 주어야 한다. 그러나 그 선임된 이사들은 정부기관의 지시에 따르기 때문에 독립성을 확보할 수 없다[261]는 비판을 받고 있다.

이런 상황에서 국유회사 이사의 책임을 추궁하는 것은 현재로서 거의 불가능한 일이라고 할 수 있다.

---

261 Ts.Baasansuren, 국가를 위해 일하는 회사들의 이사회(기사), 2013.05.01. http://dnn.mn/archive/37335/#.dpuf (검색일 2014.10.25.).

06

결론

제1절
문제점 및 개선방안

필자는 몽골의 회사법을 대상으로 이사의 책임에 관한 해석, 표현, 그 범위 및 추궁절차에 다음의 문제점이 있다고 판단하며 그 문제점에 대한 개성방안을 제시하고자 한다.

I. 입법적 문제점 및 개선방안

1. 해석적 문제점

몽골의 최초의 기업법이 유럽 즉 헝가리의 회사법의 영향을 받았고 그 중 일부 개념과 용어 등이 지금까지 계속 유지되어 왔는데, 현행 회사법이 미국 회사법의 영향을 많이 받았기 때문에 법원이나 중재에서 회사법을 해석하는데 있어 적지 않은 어려움을 겪고 있다는 비판이 있다. 필자도 몽골의 회사법에 대하여 서술하면서 해석에 관한 어려움을 느꼈다. 지금까지 몽골에 발간된 회사법에 관한 책이나 교과서 등을 보면 대부분 법전의 조문들을 조합하여 소개하는 방식으로 만들어져 왔으니 연구적 또는 실무적 실효성이 매우 낮은 상태이다.

따라서 지금은 회사법에 관한 현대적 이론과 실무적 사례 등을 포함한 주석회사법이 필요한 시기라고 생각한다. 이 중 이사의 주의의무 및 충실의무 등의 개념을 이론적인 관점에서 접근하고 법전의 조문과 연관시켜 해석할 필요가 있다고 본다. 특히 회사법 소송이 많지 않고, 회사법에 관한 연구도 활발하게 이루어지지 않고 있는 이 단계에서 더욱 더 그러하다.

2. 책임요건의 표현

몽골 회사법 제84조 제6항은 이사의 책임 요건으로 "의사결정권자는 이 84.4 및 84.5의 의무를 불이행하거나, 수차례 위반하여..."라고 명시하고 있다. 문구상으로 보면 1회의 위반은 책임 요건이 안 되는 것처럼 읽어지는데, 입법적 면에서 불필요한 표현이라고 생각한다.

의무를 불이행한 경우라면 그 횟수와 상관없이 이사의 손해배상책임이 인정되어야 할 것이다. 따라서 "수차례"라는 표현을 배제하고 "의무 불이행"이라는 표현만 사용하여도 무방하다고 본다.

3. 지배주주의 손해배상책임

이사의 책임을 연구의 대상으로 삼는 이 논문의 목적과 관계가 멀지만 지배주주의 손해배상책임을 인정하는 조문을 일부 개정할 필요가 있다고 본다. 제84조 제10항은 회사에 대한 지배주주의 손해배상책임을 인정하고 있으나 그 범위를 유한책임회사의 주주로만 한정하고 있는 문제점이 있다. 주식회사의 지배주주를 책임 범위에서 제외한 입법자의 취지가 무엇인지는 확실하지 않다.

지배주주의 손해배상책임은 유한책임회사나 주식회사나 그 유형과 상관없이 인정되어야 한다고 생각한다. 회사에 손해를 가한 경우 그 지배주주는 이사와 같은 책임을 부담하여야 한다는 본 조문(제84조 제10항)의 취지에 따라 그 책임의 주체를 확대하여야 한다.

Ⅱ. 이사의 책임 범위에 관한 문제점 및 개선방안

몽골 회사법은 회사에 대한 손해가 이사회 결의에 의한 경우에 한하여 이사회 회의에 불참한 이사의 책임을 면하도록 규정하고 있으나 이는 이사의 의무불이행책임에만 해당하는 것인지, 그 외의 위법행위책임이나 이해상충거래책임의 경우에도 적용되는지 여부가 확실하지 않다. 또한 단순히 회의에 불참한 사실만으로 이사의 책임을 면하도록 허용하고 있으니 이는 책임 회피 목적으로 남용될 우려가 있다고 본다. 이사의 책임을 제한 즉 일부 면제하는 제도가 전혀 도입되지 않고 있기 때문에 이는 실제로 이사의 책임을 추궁하는데 큰 문제를 초래할 수 있다.

이사의 책임을 실제로 추궁할 수 있어야 한다면 이사의 책임을 면제하는 제도를 사전에 마련하여야 할 것이다. 이런 제도를 구축하지 않고 이사의 책임을 추궁하기 시작하면 회사에서 이사로 선임되는 것을 조심해 하는 경향이 생길 수 있다. 현재로서는 이사의 책임을 면제하는 제도를 더 구체화하고 확대하는 것이 바람직하다고 생각한다.

조문의 위치상으로 보면 위법행위책임이나 이해상충거래책임에서는 이사가 면책될 수 없는 것처럼 보이니 이사의 책임을 면제하는 규정으로서 회사법 제84조 제8항은 이사의 책임을 추궁하는 모든 경우에 해당하는지 여부를 더 구체화할 필요가 있다. 또한 주주 전원의 동의를 얻은 경우에도 이사의 손해배상책임을 전부 또는 일부를 면제할 수 있도록 허용하는 것도 가능하다. 몽골에 아직 이사의 보수가 상대적으로 낮은 수준이기 때문에 그 보수를 기준으로 이사의 책임을 제한하는 것은 회사의 입장에서 타당한 방법이 아닐 수도 있으니 책임범위를 주주들이 그 손해를 기준으로 정하도록 하되 정관으로 정한 바 있으면 그에 따르도록 규정할 수 있다.

Ⅲ. 이사의 책임추궁에 관한 문제점 및 개선방안

한국과 몽골의 회사법은 이사의 의무와 책임을 인정하였고, 그 책임을 추궁할 수 있는 제도를 입법적으로 마련하고 있다. 그러나 한국에서는 이사의 책임을 추궁하는 소송이 활성화되어 있고, 판례도 많이 쌓여 가는 추세인 반면에 몽골에 아직 그러한 소송이 제기되지 않았고, 회사법에 관한 소송도 그리 많지 않다. 따라서 회사법의 활용조차 그다지 좋지 않다는 평가를 할 수 밖에 없다. 이는 마련한 제도가 제대로 작동하지 않는다는 것을 의미하는 것이 아닐까 판단되니 그 이유로부터 해결책을 찾아보도록 하겠다.

이사의 책임을 추궁하는데 있어 다음의 문제점이 있을 수 있겠으며, 환경적인 문제점과 절차적인 문제점으로 구분하여 서술해 보겠다.

1. 환경적인 문제점

몽골에서 이사의 책임을 추궁하는 소송이 활성화되지 않고 있는 이유는 다음의 몇 가지 환경적인 문제점과 관련이 있을 수 있다.[1)]

우선 최초의 소송이 제기되지 않고 있으니 법원이 회사법을 어떻게 해석하고 어떤 결과가 나올지 예측하기 어려운 상황이다. 따라서 첫 소송의 결과가 중요한 만큼 다음 소송의 계기가 될 수 있다. 둘째, 변호사나 법률 전문가들의 지식과 경험이 아직 부족하다. 그들이 법의 취지에 대한 충분한 이해를 하고 있어야 소송을 제기할 수 있다. 셋째, 변호사나 법률가들이 충분한 지식을 갖추고 있다고 해도 판사들의 법의 취지에 대한 이해수준이 그리 높지 않다. 또한 판사들의 용기도 문제될 수 있다. 넷째, 이사의 책임을 추궁하는 것은 그 이사의 재산적 능력과 직접적 관련이 있다. 그러

---

1) 이는 국립법제연구소 부소장, 국립대학 법과대학 조교수 B.Amarsanaa가 추천한 내용을 필자가 정리하여 소개한 것이다. (2014.08.20)

나 현재 회사의 이사들이 받는 보수가 매우 적은 수준이다. 또한 이사의 책임보험제도가 발달되지 못한 상태이다. 마지막으로, 이사의 책임을 추궁하는 소송은 많은 시간과 비용을 필요로 하기 때문에 손해규모가 상당히 큰 경우에야 제기될 수 있다.

이 모든 문제를 요약해 보면 이사의 책임을 추궁하는데 있어 법률과 회사나 주주의 의지도 중요하지만 변호사와 판사의 능력, 이사의 보수 및 보험, 손해의 규모 등의 경제적 요소들의 영향도 크다는 판단을 할 수 있다.

2. 절차적 문제점

이사의 책임을 추궁하는 소송이 없는 다른 하나의 이유를 회사법에 절차적인 규정이 부족하기 때문인 것으로 본다. 이사의 회사에 대한 의무와 손해배상책임을 인정하였으나 그에 대한 절차를 규정하지 않았으니 형식적인 인정에 불과하다. 이는 처음 1999년에 회사법을 제정할 당시 사법적 관여를 최소한으로 하여야 한다는 입법자의 취지 때문인 것으로 판단된다. 그러나 현재 몽골이 경제체제가 바뀐 지 25년이 되어 가며, 회사들의 규모도 확대되고, 대형의 유한책임회사들이 IPO를 하고 공개회사로 바뀌어야 한다는 비판도 점점 커지고 있는 추세이니 주주들의 이익을 법원이 보호할 수 있도록 법의 취지도 이제 바뀌어야 한다고 생각한다.

이사의 책임을 우선적으로 추궁할 수 있는 자는 회사이지만 구체적으로 누가 회사를 대표하여 소를 제기할지는 정확하지 않은 면이 있다. 또한 대표소송에 관해서도 절차적인 규정이 전혀 없다고 할 수 있다. 이 경우 민사소송법상의 적용을 받아야 하겠지만 동법에서 규율하지 않는 사항 즉 소를 제기할 수 있는 시기, 방법, 효과 등에 관하여 회사법상의 규정이 필요하다고 본다.

3. 개선방안

필자는 이사의 책임을 추궁하는 소송과 관련해 환경적인 문제점을 제기하였으나 이는 법적 차원의 문제가 아니므로 본 논문을 통해 해결책을 제시하지는 않는다. 따라서 상대적으로 입법적 방법으로 해결할 수 있는 것으로 절차적 문제점에 관한 다음의 개선방안을 제시하고자 한다.

각 회사가 회사의 소송에 관한 절차요건을 정관으로 정하는 것은 허용되겠으나 일반적으로 이를 기대하기는 어렵다. 대신 이를 회사법에서 일괄적으로 규정한다면 이에 관한 회사의 비용을 감소시킬 뿐만 아니라 이사의 책임의 추궁을 더 실현화할 수 있을 것이다.

① 이사를 상대로 그의 회사에 대한 책임을 추궁하는 소를 제기할 수 있고, 법원에서 회사를 대표할 수 있는 자를 정하여야 한다. 한국 상법에서는 감사 또는 감사위원회에 그 대표권을 인정하고 있는데 몽골 회사법상 이에 가장 적절한 자는 내부적 감독권을 행사하는 감사위원회이다. 그러나 이는 주식회사에 가능하지만 이사회를 설치하지 않은 유한책임회사의 경우 문제된다. 이사회가 없으면 감사위원회가 존재할 수 없기 때문이다. 다라서 유한책임회사의 경우 집행이사가 그 제소권과 대표권을 행사하는 것이 타당하다고 본다. ② 대표소송에 관한 현재의 제도로는 소수주주가 바로 소를 제기할 수 있는 것처럼 보인다. 그러나 우선 회사에도

이사의 책임을 추궁할 수 있는 기회를 주기 위하여 제소 전후 그 사실을 회사에 알리는 제도가 있어야 한다. ③ 소송 중이나 준비 단계에서 이사의 임무해태나 위법행위를 증명할 수 있는 자료를 회사에서 자발적으로 제공하거나, 주주의 요구가 있으면 즉시 제시하도록 의무화하는 것도 필요하다고 본다. ④ 가장 중요한 것은 소송 후의 효과이다. 대표소송은 회사를 위한 것이고, 그 이익은 제소하지 않은 다른 주주들과 공유하여야 한다는 점이 가장 큰 약점이다. 따라서 승소 하면 회사에서 소송비용 및 소송으로 인한 다른 지출비용을 배상해 주는 제도는 물론이고 패소해도 소송비용의 일부를 회사에 청구할 수 있는 권리를 인정하는 것은 주주에게 대표소송에 대한 인센티브를 제공하는 효과가 있지 않을까 생각한다.

제2절
결 론

한국 상법과 몽골 회사법은 이사의 회사 및 제3자에 대한 손해배상책임을 인정하고 있고, 그 이사의 책임을 추궁할 수 있는 입법적 제도를 구축하고 있다. 서로 다소의 차이는 있지만 이사의 회사에 대한 주의의무 및 충실의무를 인정하는 것도 동일하다. 다만 한국 상법은 이사가 회사와 위임관계에 있다는 것을 명문으로 규정하고 있고, 이사의 의무와 책임을 해석하는데 있어 그 위임관계를 바탕으로 접근하는 방식이 가장 큰 차이점으로 보인다. 그러나 이는 몽골 회사법에서 명문의 규정은 없어도 판례와 연구를 통해 보완될 수 있는 부분이라 생각한다.

중요한 것은 입법적으로 마련된 제도가 실제로 제 기능을 할 수 있어야 하는데, 필자는 몽골 회사법에서 이사의 책임을 면제할 수 있는 요건을 구체화하고 확대하면서 누가, 언제, 어떠한 방법으로 이사의 책임을 추궁할 수 있는지에 관한 절차적 구정을 도입할 필요성이 있다고 본다. 이는 이사의 책임을 추궁하는 소송이 실현화되고 활성화되는데 도움이 될 것이다. 현재 이사의 책임에 관한 소송이 활성화되지 못하고 있으니 이사의 위법행위라면 무조건 형사사건으로 취급하는 경향이 존재하는 것 같으니 앞으로 회사법을 개선할 필요성이 매우 크다고 본다.

회사법이 제정된 시기로 보면 한국 상법이 몽골 회사법에 비해 훨씬 오랜 역사를 가지고 있다. 또한 이사의 책임을 실제로 추궁하기 시작한 것은 무려 1990년대 IMF 사태 이후라고 하지만, 그것도 몽골에서 최초의 회사법이 제정된 시기와 비슷하다. 이는 그 만큼의 많은 연구와 판례들이 쌓여 있다는 것을 의미하는데, 몽골에서도 경제발전에 따라 회사법의 역할이 더 커지고 있는 추세이니 차후 많은 연구와 논의가 이루어질 것으로 기대된다.

| 부록 |

논문에 언급된 몽골 회사법상의 조문 번역

1. 기업법(1991)

제2조 회사의 형태

2. 다음과 같은 기업의 형태가 있을 수 있다. 1) 개인사업체 2) 협동조합 3) 회사

제23조 회사의 정의

1. 사원의 출자금에 의한 자본금을 보유하고, 사원의 자산과 분리된 개별적인 자산이 있으며, 그 자산에 의하여 채무이행을 부담하고, 사원이 회사의 채무에 대하여 아무 책임이 없는 기업체를 회사라 한다. 회사는 무포괄책임 회사 및 주식회사로 나뉜다.

제24조 미포괄책임회사 설립 및 등기

7. 사원이 회사 자본금에 대하여 금전 출자하는 경우 그의 반액 납입, 현물 출자하는 경우 회사가 그 자산을 완전 지배, 사원이 1인인 회사의 사원이 자본금의 전액을 마련한 경우에 한하여 회사를 등기할 수 있다.

제31조 주식회사 설립 및 등기

7. 다음 요건이 충족된 경우 회사 경영자가 국세청에 회사설립신청서를 제출한다. ...3) 응모자가 자본금의 100분의 30 이상을 납입한 경우

제26조 미포괄책임회사의 경영 및 사원총회

1. 사원총회는 회사의 최고 의사결정기관은이며, 사원총회를 개최

하지 않을 때에는 이사회가 그의 권한을 행사한다. 회사의 활동 규모 및 특징에 의하여 이사회를 설치하지 않고 이사회의 권한을 사장(director-general)이 행사할 수 있다.

제34조 주식회사의 경영 및 주주총회

1. 주주총회는 주식회사의 최고 의사결정기관이며 주주총회 미개최 시 이사회가 그 권한을 행사한다.

제27조 미포괄책임회사의 감사회

1. 회사는 사원의 수, 그 영업성질에 따라 회사 경영에 대한 통제 목적으로 3인 이상의 위원회로 구성된 감사회를 선임할 수 있다. 다만 자본금이 1000만 투그릭 이상 또는 사원 수가 50명 이상의 회사는 감사회를 반드시 선임하여야 한다.

제35조 주식회사의 감사회

1. 주식회사는 자본금의 액수와 사원의 수와 무관하게 3인 이상으로 구성된 감사회를 의무적으로 선임한다.

2. 조합 및 회사법(1995)

제2조 조합 및 회사의 형태

2. 회사는 다음의 형태로 설립할 수 있다. 1) 주식 2) 유한책임

제18조 위법한 자의 책임

조합 및 회사법에 위반한 자가 형법상의 책임 부과대상이 아니한 경우에는 등기기관이 위법행위 성질에 따라 다음의 처벌을 부과한다. ...3) 계약 및 정관상에 없는 사업을 영위한 경우 그로 인한 소득을 압류하고 조합 및 회사는 200000-250000 투그릭의 벌금을 부과한다.

제31조 주식 모집 및 주가선금 납입

6. 응모자는 응모주식 가액의 100분의 30에 해당하는 금액을 모집기간 종료 후 30일이내에 납입하여야 한다.

제32조 (주식회사) 회사설립 요건

회사를 설립하기 위하여 다음의 요건이 충족되어야 한다. ...2. 주가 선금이 제31조 제6항에 규정한 대로 납입이 완료된 경우

제37조 (주식회사의) 자본금 및 그의 납입

1. 자본금은 3000만 투그릭 이상으로 하여야 한다.

제88조 유항책임회사의 설립 및 등기

3. 회사를 설립하기 위하여 다음의 요건이 충족되어야 한다. 1) 금전출자금의 100분의 30 이상이 납입되어야 한다.

제89조(유한책임회사의) 자본금

1. 회사의 자본금은 1000만투그릭 이상으로 하여야 한다.

3. 회사법(1999)

제3조 회사 및 그의 유형

3.4 회사는 다음의 형태를 가진다.

3.4.1 주주의 출자자산이 주식으로 나뉘며, 그 주식이 대중에 의하여 자유롭게 거래될 수 있는 공개형 주식회사

3.4.2 주주의 출자한 자산이 주식으로 나뉘며, 그의 처분권이 정관에 의하여 제한되는 폐쇄형 유한책임회사

제15조 회사의 등기

15.4 등기기관은 등기신청서를 받아 다음 사항을 확인한다.

15.4.4 회사의 개시대차대조표에 표기된 자본금은 본법 제32조에서 규정한 최저한도에 달하였는지 여부

15.6 본법 제15조 제4항의 등기에 관한 요건을 충족하지 못한 회사는 등기할 수 없다.

제32조 회사의 최저자본금

32.1 주식회사 등기일 그의 자기자산이 1000만 투그릭 또는 그 이상이어야 한다. 유한책임회사 등기일 그의 자기자산 100만 투그릭 또는 그 이상이어야 한다. 외국인투자회사에 대하여 본조문이 적용되지 않는다.

4. 현행 회사법(2011)

제2조 회사의 적용범위

2.1 법으로 달리 정하지 않은 경우 몽골 영토에서 활동하는 모든 회사는 소유의 유형, 재산 및 생산의 규모, 내부조직에 관계없이 이 법을 준수한다.

2.2 중략

2.3 국유기업 또는 지역소유기업의 사유화에 의하여 설립된 회사에 대하여 그의 활동을 이 법, 설립에 관한 관계를 국가소유 및 지역소유에 간한 법에 의하여 규율한다.

제3조 회사 및 그의 형태

3.1 주주의 출자금이 주식으로 나뉘며, 개별적 재산을 보유하고 영리를 주목적으로 하는 법인을 회사라 한다.

3.2 주식은 자본금에 대한 지분권을 증명하나 회사의 개별적 자산의 소유권을 증명하지 않는다.

3.3 주주의 권리는 본법 및 정관으로 정하되 주주는 이익배당권, 의결권, 회사가 해산하는 경우 잔여재산 매각금에 대하여 청구권을 가진다.

3.4 회사의 형태로는 유한책임회사 및 주식회사가 있다.

3.5 주주의 출자금이 주식으로 나뉘며, 그의 처분권이 정관 및 법으로 제한되는 회사를 유한책임회사라 한다.

3.6 주식회사의 종류로는 공개주식회사 및 폐쇄주식회사가 있다.

3.7 공개주식회사란 주주의 출자금이 주식으로 나뉘며, 그 주식은 유가증권거래 관리관에 등록되고 대중에게 자유로이 거래되

는 회사를 말한다.

3.8 폐쇄주식회사란 주주의 출자금이 주식으로 나뉘며, 그 주식은 유가증권예탁기관에 등록되고 유가증권고래 관리기관 이외의 시장에서 비공개적으로 거래되는 회사를 말한다.

제4조 주식회사

4.1 법으로 달리 정함이 없는 경우 주식회사의 주주는 다른 주주의 의견과 상관없이 자기 조유주식을 자유로이 양도할 수 있다.

4.3 법으로 달리 정함이 없는 경우 공개주식회사는 공개 및 비공개 청약에 의하여 주식과 유가증권을 발행할 수 있다.

4.5 주식회사의 주주들은 상호 합의하여 주식양도권을 제한하는 계약을 체결할 수 있다.

제5조 유한책임회사

5.1 유한책임회사의 설립시 주주의 수는 50명을 초과할 수 없다.

5.2 유한책임회사는 주식, 주식매수증권 및 그에 대한 전환증권을 오직 비공개 청약에 의하여 발행할 수 있으며 기타 유가증권은 공개 또는 비공개 청약의 어느 방식으로든 발행할 수 있다.

5.11 유한책임회사의 사원은 회사에 관한 모든 정보를 제공받을 수 있으며 재무자료 등 기타 서류를 열람할 수 있다.

제6조 종속회사, 자회사, 회사의 결합

6.14 지배회사 및 그와 이 법 6.1, 6.3, 6.8에서 정한 관계에 있는 회사들, 한 자가 단독으로 또는 그의 특수관계인과 같이 지배주식을 보유하거나 경영상 결의를 결정할 수 있는 회사들을

회사의 결합이라 한다.

6.16 회사의 결합에 속하는 회사는 지배회사 혹은 종속회사, 자회사, 인접회사인지 여부에 관계없이 결합참여회사라 한다.

제9조 회사 및 주주의 책임

9.4 단독으로 또는 특수관계인과 같이 회사의 주식 중 100분의 10 이상을 보유하는 자 또는 그 외의 형태로 회사에 대하여 지배력을 행사하는 자의 잘못된 행위로 인해 회사에 발생한 손해는 그 자가 자기 자산으로 배상할 책임이 있다.

제25조 회사 채무 주식전환

25.6 회사의 채무를 전환할 목적으로 신주 발행 시 주주는 그에 대한 매수우선권을 가진다.

제26조 회사의 해산

26.2 법원은 다음의 사유를 근거로 회사를 해산시킬 수 있다. 1) 파산 2)사원이 1인도 안 남은 경우 3) 법에서 정한 기타 사유.

26.6 금융관리위원회가 본법 26.2의 사유로 회사의 해산을 법원에 청구할 수 있다.

제30조 회사의 정관자본금 및 자기자본

30.1 회사가 발행한 우선주 및 보통주의 액면가는 회사의 정관자본금이 되며 수권주 및 회사가 매수한 자기주식을 포함하지 않는다.

30.2 회사의 대차재조표상의 유형 및 비유형 자산의 합계에서 부

채의 합계를 공제하고 나머지는 회사의 자기자본이 된다.

30.3 회사의 정관자본금은 자기자본을 초과하지 못한다.

30.4 법에서 달리 정함이 없는 경우 회사설립 시 정관자본금의 최저한도를 정하지 않는다.

30.5 회사의 자본금은 정관에 기재한다.

제31조 회사의 자본금 변경

31.1 회사의 자본금을 변경하는 경우 정관도 변경한다.

31.2 회사의 자본금을 주주총회 결의에 의하여 다음과 같이 변경할 수 있다. 1) 주식 액면가 증가 및 감소 2) 신주발행 3) 자기주식 매수 또는 소각

31.3 해당 결산기 재무제표상 회사의 자본금이 정관자본금에 비해 감소된 경우 이사회(이사회가 없는 경우 집행임원)가 그 재무제표 작성 후 10일 이내에 주주총회를 소집하여 회사의 정관자본금의 변경, 자본의 재구성 혹은 해산 여부를 결정할 의무가 있다.

31.5 본법 31.3의 사항을 해당 절차에 따라 해결하지 아니하면 주주, 채권자, 주식회사의 경우 금융관리위원회가 회사의 해산을 법원에 청구할 수 있다.

제32조 주식

32.2 주식의 종류는 보통주 또는 우선주로 한다.

32.3 회사는 보통주를 의무적으로 발행하여야 하며 우선주는 발행할 수 있다.

32.4 회사의 주식은 정관으로 정한 액면가가 있으며 같은 종류의

주식은 액면가도 동일하다.

32.5 주식은 그 액면가 이하로 발행할 수 없다.

32.6 법에 다른 정함이 없는 경우 1주는 1개의 의결권을 갖는다.

32.7 주식은 기명유가증권이며 그의 의결권은 분할할 수 없다.

제33조 회사의 수권주 및 발행주

33.1 회사의 보통주 및 우선주의 합계를 정관으로 정하며 이는 수권주라 한다.

33.2 수권주 중에 주주가 매수하고 유통되는 부분은 발행주라 한다.

제34조 보통주주의 권리

34.1 보통주주는 다음의 권리를 행사한다. 1) 주주총회에 참석하고, 회의의 모든 안건에 관하여 자기 소유주식에 비례하여 의결권을 행사할 수 있다. 2) 우선주 이익배당 후 이사회(없는 경우 주주총회)가 정한 이익을 배당받을 수 있다. 3)회사가 해산하면 그 잔여재산을 제28조의 절차에 의하여 처분하여 발생한 수익 중 해당 부분을 청구할 수 있다.

34.6 주주총회 일부 안건에 관하여 주주의 의결권을 이 법으로 제한할 수 있다.

제35조 우선주주의 권리

35.1 다종의 우선주 보유자는 다음의 권리가 있다. 1) 이익배당 우선권 2) 이 법, 정관 및 우선주 발행 결의에 명시한 사항에 관하여 주주총회에 참석 및 의결권 행사 3) 회사 해산 후 적

립배당금 및 자기 소유주식에 상응하는 청산가치 상당액을 취득.

35.9 우선주 발행여부를 주주총회에 참석하는 의결권 있는 보통주의 과반수의 찬성으로 결의한다.

제36조 황금 주식

36.1 정부는 국유기업 또는 국가보유지분이 대다수인 기업의 국가의 소유지분을 전부 사유화하는 경우 일정한 기간으로, 36.2의 사항에 관한 주주총회, 이사회 및 집행임원의 결의를 거부할 수 있으며 그 외의 아무 권리가 없는 황금주식을 발행할 수 있다.

36.2 황금주 발행 회사의 주주총회, 이사회 및 집행임원의 다음의 사항에 관한 결의는 국가의 안전, 사회이익에 침해하는 경우 정부가 그를 거부할 수 있다. 1) 사유화 이전에 영위하던 사업방침 변경) 회사의 재설립 및 해산 3)주요거래 체결 4) 제품 · 업무 · 영역의 가액 결정 및 변경

36.5 황금주는 양도할 수 없다.

제37조 주식에 해당하는 유가증권

37.1 보통주 매수권, 주식전환 사체, 주식매수선택권(option)은 주식에 해당하며 그의 매각과 발행에 관한 절차는 정관으로 정한다.

제39조 주식전환 사체

39.4 회사가 발행한 주식전환 유가증권의 전환가액은 그 발행일

전 1월간의 동종주식 거래평균가액 이하로 할 수 없다.

제40조 주식매수선택권(option)

40.3 주식회사가 발행한 보통주의 매수선택권 행사가액은 그 옵션 발행일 전 1월간의 평균가액 이하로 할 수 없다.

제44조 유가증권 가액 납입

44.2 정관상 다른 정함이 없는 경우 발행한 유가증권을 매수하는 자는 금전, 유가증권, 현물 및 재산권으로 그 금액을 납입할 수 있다.

44.3 회사 설립시 발행한 주식은 국가등기에 등록하기 이전에 그 주금을 납입하여야 한다.

제45조 주주명부 등록

45.4 회사의 유가증권 보유자는 자기 성명, 거주지, 보유유가증권의 수를 유가증권 명부등록 담당자에게 알리고, 그에 대한 변경사항을 지체없이 통보하여야 한다.

45.5 위 45.4의 등록이 있는 경우 유가증권 보유자의 권리가 성립된다.

제46조 이익의 배당

46.14 주식회사는 이익배당 후 15일 이내에 이익배당 보고서를 작성하며 금융관리위원회 또는 유가증권거래 관리기관에 제출한다. 그 보고서 제출기간은 금융관리위원회가 정한다.

제51조 주식의 병합 및 분할

51.1 회사는 2개 이사의 주식을 동종의 주식으로 전환하는 방식으로 자기 주식을 병합할 수 있다.

51.2 회사의 주식 발행총수의 100분의 1 이상의 정수의 주식을 병합할 수 없다.

51.3 회사는 1개의 주식을 동종의 2개 이상의 신주로 전환하는 방식으로 자기 주식을 분할할 수 있다.

51.4 회사는 주식의 병합과 분할로 인하여 발생한 단주를 이사회(없는 경우 주주총회)에서 제55조에 따라 정한 가액으로 회수할 수 있다.

제59조 주주총회

59.1 회사의 최고의사결정기관은 주주총회이다.

59.2 1인 주주 회사의 주주총회 권한을 그 주주가 행사한다.

59.3 주주총회는 정기총회 및 임시총회가 있다.

59.4 정기총회는 이사회(없는 경우 집행임원)가 결산기 종료 후 4월 이내에 소집한다.

59.5 이사회(없는 경우 집행임원)가 이법 59.4의 기간 이내에 정기총회를 소집하지 아니하면 주주총회 소집권 이외의 권한 전부가 종료된다.

59.6 이사회(없는 경우 잡행임원)의 권한이 종료된 경우 그 이후 체결한 계약 및 거래는 무효이다.

59.7 주식회사의 이사회(이사회가 없으면 집행임원)가 본법 59.4의 기간 이내에 주주총회 소집결의를 하지 않으면 금융관리위원회가 그 이사회가 주주총회 소집권 외의 모든 권한을 상

실하였음을 공고한다.

第61조 임시총회

61.1 이사회(없는 경우 집행임원)가 다음의 경우에 주주총회를 소집한다. 1) 이사회 구성원 100분의 50 이상이 직무를 계속하는 것이 불가능해지거나 더 이상 이사회에서 종사하지 않는 경우 2) 2인 이상의 독립이사 또는 의결권 주식의 100분의 10 이상을 소유하는 주주가 제안·요구한 경우 3) 회사의 당기 결손이 회사 자기자본의 100분의 30을 초과한 경우 4) 회사의 부채가 2년간 회사 자기자본을 넘어 그 차액이 영하일 경우 5) 이사회가 결의한 경우 6) 감사위원회기 임시총회 소집을 요구한 경우 7) 회사 정관상의 기타 경우

61.2 이 법 61.1에서 명시한 자가 임시총회의 소집을 이사회(없는 경우 집행인원)에 제안 또는 요구할 수 있다.

第63조 주주총회 결의 유효요건

63.5 이 법 또는 정관에 더 높은 기준을 정하지 않은 경우 이사회(없는 경우 집행임원)의 선임을 제외한 결의는 회의에 참석한 의결권 있는 주주의 과반수의 찬성으로 효력이 발생한다.

63.6 유한책임회사의 정관에 달리 정함이 없는 경우 이사(없는 경우 집행임원)의 선임은 후보자 중에서 가장 많은 표를 취득한 자로 한다.

63.7 이 법 62.1.1-62.1.6의 사항을 회의에 참석하는 의결권 있는 주주의 과반수의 찬성으로 결정한다.

제69조 주주총회 의사정족수(quorum) 및 회의 유효 요건

69.1 회사의 의결권 주식의 100분의 50 이상을 보유하는 주주가 주주총회에 참석하면 그 회의가 유효하다.

69.2 주주총회 의사정족수는 정관으로 69.1의 이상으로 정할 수 있다.

69.3 의사정족수가 69.1에 미달하는 경우 주주총회는 무효된 것으로 보고 그 회의는 보류한다. 이사회는 회의 재소집일을 다시 정하되 회의 안건을 변경할 수 없다.

69.4 정관에서 그 이상으로 정하지 않은 경우 의결권의 100분의 20 이상을 보유하는 주주가 참석하면 69.3의 보류회의가 유효된다.

69.5 정관에서 그 이상으로 정하지 않은 경우 이 법 62.1.1-62.1.6의 사항을 안건으로 하는 보류회의는 의결권의 3분의 1 이상을 보유하는 주주가 참석하면 유효된다.

69.9 보류회의는 69.6의 기간 이내에 소집하지 못하면 새로 주주총회를 소집하며 그 때 의사정족수는 69.1을 준수한다.

제70조 주주총회, 그의 결의에 관한 소제

70.2 주식회사의 주주총회에 불참하거나 참석하였으나 이의가 있었던 주주는 본법 70.1의 사유에 관하여 금융관리위원회에 그 불만(complaint)을 제기할 수 있다.

제73조 서면투표에 의한 결의

73.7 의결권 총수의 100분의 50이상을 보유하는 자가 의결함으로서 서면투표가 유효되며 의결한 주주의 과반수의 찬성으로

그 결의가 이루어진다.

제75조 이사회

75.1 이사회는 주주총회 미개최시 회사의 의사결정기관이다.

75.2 주식회사는 이사회를 설치하며, 유한책임회사는 정관에 다른 정함이 없으면 이사회를 설치하지 않아도 된다.

75.3 이사회 인원수는 정관으로 정한다.

75.4 주식회사 및 국유회사 이사회는 9인 이상의 이사로 구성되며 그의 3분의 1 이상은 독립이사로 한다.

75.5 정관에 정함이 있으면 유한책임회사 이사회는 독립이사(사외이사)를 둘 수 있다.

75.6 주식회사의 주주총회는 75.4에서 정한 수의 독립이사를 선임하지 못하면 그 이사회는 권한을 행사할 수 없는 것으로 강조된다.

75.7 이 법 75.6의 사항이 발생하면 이사회는 주주총회 소집 후 5 근무일 이내에 다음 주주총회 소집일을 정하고, 이사의 선임을 결의한다.

75.8 이사 및 이사회 비서는 기업지배구조에 관한 연수를 받고, 증명서를 취득하여야 한다.

제76조 이사회 권한

76.1 이사회는 이 법 또는 정관으로 주주총회의 권한으로 정한 것을 제외하고 다음의 권한을 행사한다. 1)회사의 영업활동 방침 결정 2) 정기 및 임시 주주총회 소집 3) 주주총회 안건, 의결권 있는 주주의 명부작성 등록일 및 주주총회 소집에 관

한 기타 사항 결정 4) 회사 수권주의 종류 및 개수에 맞춰 신주발행 결정 5) 정관으로 정한 주식에 해당하는 유가증권 및 기타 유가증권의 발행 6) 이 법 제55조에 따라 자산 및 재산권의 시가 책정 7) 자기주식 기타 자기 유가증권의 매수 및 회수 8) 집행임원의 선임 및 해임, 그의 권한 결정 9) 집행임원과의 계약조건, 그의 보수, 책임의 범위 결정 10) 외부감사기관의 선임 및 계약조건의 결정 11) 회사의 연간 영업보고서 및 재무보고서에 대한 의견 작성과 주주총회에 제출 12) 정관으로 달리 정한 바가 없는 경우 이익배당금 책정 및 그의 지급절차 결정 13) 이사회 및 집행임원의 업무수행규칙 및 지배구조에 관한 내부규칙 설정 14) 회사의 지점 및 지사 설치 결정 15) 회사 재설립에 관한 주주총회의 결의안 준비, 결의내용 집행 16) 이 법 제11장에서 정한 주요거래의 승인 17) 이 법 제12장에서 정한 자기거래의 승인 18) 이 법 또는 정관으로 정한 기타 사항 결정

76.2 주식회사의 이사회가 이 법 76.1.6, 76.1.10, 76.1.17에 대한 결의를 할 때 이사회 독립이사가 반드시 참석하여 의결한다.

제77조 이사의 선임 및 임기 만료전의 해임

77.1 이사를 이 법 또는 정관상의 절차에 따라 주주총회에서 선임한다.

77.2 정관으로 달리 정함이 없는 경우 이사의 임기는 이듬해 정기 주주총회 소집일에 만료되며, 이사는 재선임할 수 있다.

77.3 임시 주주총회의 결의로 이사를 임기 전에 해임할 수 있으며 이사회는 집중투표로 선임한 경우 오직 이사회 전원을 임기

만료전에 해임할 수 있다. 이사회 이사는 자연인이다.

77.4 주식회사의 이사는 집중투표에 의하여 선임하며, 일반 이사 및 독립이사의 표를 각자 개표한다. 집중투표 진행 절차는 금융관리위원회가 정한다.

제79조 독립이사

79.1 이 법 81.2에서 명시한 후보추전위원회는 독립이사로 다음 각호의 요건을 충족한 자를 추천한다. 1) 본인 또는 그의 특수관계인과 같이 회사의 보통주의 100분의 5 이상을 보유하지 않는 자 2) 본인 또는 그의 특수관계인은 회사를 위하여 또는 회사가 참가자로 있는 회사결합의 다른 참여회사를 위하여 종사하지 않는 자, 혹은 최근 3년간 종사하지 않은 자 3) 공공 서비스를 하는 공무원을 제외하고 그 외의 공무원이 아닌 자 4) 회사와 아무런 사업적 과계가 없는 자 5) 법 또는 정관으로 정한 기타 요건

79.3 독립이사는 다른 이사와 동일한 권리와 의무를 가지며 다음 각호의 추가적 의무를 부담한다. 1) 이사회 및 집행임원의 업무활동, 방침, 결의 등은 회사의 이익을 침해하는지 여부 또는 그 업무활동은 해당 법령에 부합하는지 여부 감시, 위법행위가 발생하지 않도록 사전에 방지하고 위법행위를 발견한 즉시 당사자에게 그의 처리를 요구하며, 요구사항 불이행시 이사회 결의 또는 주주총회 소집을 요구할 수 있다. 2) 집행임원에게 회사 업무활동의 투명성 및 공개성 확보에 관한 의무를 부과하고 그의 이행을 감시 또는 요구한다. 3) 주주총회에 직접 참석하고, 이사회 결의에 대한 이의가 있는

경우 이 사실을 통보하고 주주의 질문에 응답 및 설명한다.

第80조 이사회 회의

80.1 정관으로 달리 정함이 없는 경우 이사회 회의는 1월에 1회 개최하며 필요에 따라 추가 회의도 소집할 수 있다.

80.3 이사회 회의는 이사회 의장, 이사, 집행임원 및 정관으로 정한 기타 소집권자가 제안 및 요구함으로써 소집한다.

80.4 이사회는 업무수행규칙을 제정하며, 결의는 서면투표로 할 수 있다.

80.5 이사회 회의는 이사의 대다수가 참석함으로써 효력이 있다.

80.6 법으로 달리 정한 바가 없거나, 정관으로 특별히 높은 기준을 설정하지 않은 경우 회의에 참석하는 이사의 대다수의 찬성으로 결의의 효력이 생긴다.

80.7 이 법 또는 정관으로 정한 바에 따라 일부 이사가 해당 사항에 관하여 의결권이 없는 경우 의결권 있는 이사의 대다수의 찬성으로 결의한다.

80.8 이사의 인원수가 소정의 수보다 2배 감소된 경우 회사는 3월 이내에 이사의 선임에 관하여 임시 주주총회를 소집한다.

80.9 이사는 이사회 회의에 대하여 각자 1개의 의결권을 가진다

80.11 이사회 회의록에 다음의 사항을 기재한다. 1) 회의 장소, 날짜, 시간 2) 회의에 참석한 이사 3) 회의 안건 4) 투표에 의한 결의 내용 및 투표결과 5) 결의

80.13 이사가 이사회 회의록에 대한 서명을 거절한 경우 그 사유를 서면으로 해명한다.

제81조 이사회 위원회

81.1 이사회는 필요에 따라 일정한 업무를 담당하는 상임 또는 임시 위원회를 설치할 수 있다.

81.2 주식회사의 이사회는 감사, 보수, 후보추천 위원회를 설치하며 이들의 구성원 중 3분의 2 이상은 독립이사로 한다.

81.3 이사회 위원회는 일정한 기능을 가지며, 해당 사항을 검토하고 그 판단을 이사회에 보고할 수 있고, 이 법으로 정한 일부 사항을 결의할 권한이 있다.

81.4 이 법 81.2의 감사위원회 위원장은 독립이사로 하며, 동 위원회는 다음 사항에 관한 의견을 이사회에 보고한다. 1) 회사의 회계정책 및 회계처리의 국제회계기준과의 부합, 내부통제관리 및 위험관리 업무, 재무제표 및 기타 재무 · 경제정보의 확실성에 대한 감시 2) 내부통제관할부서 담당자와 직원의 선임 및 급여 · 보수 책정 3) 외부감사기관의 선정 및 보수 결정 4) 중요거래 및 이해상충거래에 대한 감시 5) 회사의 정관으로 정하거나 이사회가 필요하다고 판단한 기타 사항.

81.5 이 법의 81.2의 후보추천위원회는 다음의 권한을 행사한다. 1) 이사 및 집행임원 후보자의 자격기준을 정하고, 그의 실력, 지식, 교육상태, 실적 등의 평가기준 결정. 2) 이사 및 집행임원 후보자의 실력, 지식, 교육상태 및 실적, 독립이사의 경우 이 법 79.1의 요건을 충족하는지 여부 평가 3) 이사의 후보자를 등록 및 선정을 하고 주주총회에 즉시 추천 4) 이사 및 집행임원의 업무수행 평가 5) 집행이사와의 계약조건 제기 6) 이사 외의 의사결정권자의 업무수행에 관한 집행임원의 평가내용 검토 7) 이 법 59.5에 따라 이사회 권한이

종료된 후 3년 이내에 그 이사회의 구성원으르 있던 자를 어느 주식회사의 이사로 추천 거절.

81.6 이 법 81.2의 보수위원회는 다음의 사항에 관한 의견을 이사회에 제출한다. 1) 이사, 집행임원 및 기타 의사결정권자의 급여 · 상여금에 관한 정책 수립, 그의 집행 감독 2) 이사, 집행임원 및 기타 의사결정권자의 급여 · 상여금 최고한도 책정, 그 한도를 초과하지 않도록 급여 · 상여금 지급안 마련 3) 회사에서 적용되고 있는 업무실적에 따른 인센티브 시스템 목적을 정하고, 그 결과 평가.

第82조 이사회 비서

82.1 이사회 비서는 이사회 의장이 추천한 자로 이사회가 선임한다.

82.2 이사회 비서는 다음의 의무가 있다. 1)주주층회 및 이사회 서류업무 수행, 주주에 대하여 정보 전달(송부) 2)주주총회 또는 이사회 회의 준비, 회의 일정, 회의 안건에 관한 정보, 결의안 및 기타 서류를 해당 규정에 따라 준비 및 전달 (이하 생략)

第83조 집행임원

83.1 집행임원은 회사의 정관 또는 이사회(없는 경우 주주총회)와의 계약으로 정한 범위 내에서 회사의 일상업무를 관리 및 경영한다.

83.2 정관에 업무집행을 공동으로 수행하도록 정하지 않은 경우 자연인이 그 업무집행을 한다.

83.3 자연인이 업무집행을 하는 경우 회사의 집행이사가 된다.

83.5 정관으로 달리 정함이 없으면 이사회(없는 경우 주주총회)의 승인이 있을 때에는 집행이사 혹은 공동집행임원은 다른 사업체의 임원으로 겸직할 수 있다.

83.6 집행임원은 이사회(없는 경우 주주총회)와 체결한 계약에 의하여 업무를 집행한다.

83.7 이 법 83.6의 계약에 이사회를 대표해서 의장(이사회가 없는 경우 주주총회 의장)이 서명하며, 계약서에 집행임원의 권리, 의무, 책임의 범위 및 한도, 면책사유, 보수 등을 기재한다.

83.8 집행임원은 이사회에서 부여받은 권한범위에서 거래 및 계약을 체결하거나 회사를 대표하는 등 회사의 이름으로 위임 없이 업무수행을 할 수 있다.

83.9 공동으로 업무집행을 하는 경우 집행임원은 정관 및 이사회(없는 경우 주주총회)와의 계약상 정한 의무를 이행하는 목적으로 공동집행임원의 내부규칙을 이사회와 합의하여 제정하고 준수하다.

83.10 이 법 83.9의 내부규칙에 다음의 사항을 명시한다. 1) 대표집행임원 및 기타 집행임원들의 업무분장, 상호 연관성 조정 2) 대표집행임원의 선임 절차 3) 대표집행임원의 권리, 의무, 책임

83.13 이 법 83.12에서 정한 공동집행임원의 대표를 이사회와 상의하여 그 임원들이 선임하며, 대표집행임원은 집행이사의 의무를 수행한다.

83.15 이사회(없는 경우 주주총회)가 집행임원의 권한을 정지하는 결의를 언제든지 할 수 있다.

제84조 회사의 의사결정권자

84.1 이사, 공동집행임원, 집행이사, 재무담당 최고책임자(CFO), 회계 과장(accountant general), 이사회 비서등 회사의 공식적 의사결정, 거래 또는 계약체결에 직접·간접적으로 참여할 수 있는 자를 회사의 의사결정권자로 본다.

84.3 다음 각호에 해당하는 자를 의사결정권자로 선임할 수 없다. 1) 법에 달리 정함이 없는 경우 국가 또는 지방자치단체(관공서), 군대 및 사법·검사 기관에서 임원으로 근무하는 자 2) 수형중인 자.

84.4 회사의 의사결정권자는 다음의 의무가 있다. 1) 법, 회사의 정관 및 규칙상의 권한 범위 내에서 직무를 수행하고, 권한을 행사한다. 2) 직무수행에 있어 회사의 이익을 최우선으로 하는 것을 원칙으로 하며, 이 법 또는 정관상의 의무를 엄격히 이행한다. 3) 회사의 이익에 부합하도록 합리적인 결의를 한다. 4) 결의하는데 있어 이해상충을 회피하고, 이행충돌의 우려가 있는 경우 그 사실을 즉시 보고한다. 5) 직무수행에 있어 타인에게 증여 및 상여금을 받지 않는다. 6) 회사 비밀에 해당하는 사항을 정보를 타인에게 누설하거나, 사익추궁 목적으로 이용하지 않는다.

84.5 의사결정권자의 회사와의 노동계약상에 다른 정함이 없는 경우 그 직위가 바뀐 후 3년간 이 법 84.4.6의 의무를 부담한다.

84.6 의사결정권자는 이 84.4 및 84.5의 의무를 불이행하거나, 스차례 위반하여 회사에 손해를 가한 경우 그 손해를 자기 자산으로 배상한다.

84.7 이사 또는 집행임원이 이 법 84조 제4항의 의무를 불이행한 경우 주주가 그 임원을 상대로 회사에 대한 손해를 배상하도록 소송을 제기할 수 있다.

84.8 회사의 손해는 이사회 결의에 의한 경우 그 결의에 이의가 있었거나 그 회의에 참석하지 않은 이사의 책임은 면제된다.

84.9 이 법 84.4을 위반하여 결의한 임원은 연대책임을 부담하며 그 손해는 균등하게 배상한다.

84.10 유한책임회사의 발행주식 총수의 100분의 20 이상을 특수관계인과 같이 보유하는 자는 이 법 제84조의 책임을 의사결정권자와 동일하게 부담한다.

제85조 의사결정권자의 책임

85.1 회사의 의사결정권자는 선임 이후 10일 이내에 자신과 이해관계 있는 자의 명부를 작성해 이사회 비서에게 제출하여야 하며 그 명부에 변경이 있는 경우에는 10일 이내에 회사에 보고한다.

85.2 의사결정권자는 다음의 작위 · 부작위 위법행위를 함으로서 회사, 주주, 채권자에 야기한 손해를 자기 재산으로 배상한다. 1) 회사의 명의를 사익추궁 목적으로 이용 2) 주주 및 채권자에게 고의로 허위정보 제공 3) 정보제공 의무 불이행 4) 이 법 제97조의 회사의 서류를 해당 규정에 따라 보관하지 못한 경우 5) 이 법 제98조의 정보를 해당정보 취득권자에게 미제공 또는 늦게 제공.

85.4 회사에 손해를 가한 의사결정권자에게 이 법 또는 기타 법상의 책임을 부과하였는지 여부와 무관하게 이 법 제85조의 책

임을 부과할 수 있다.

제86조 주주의 제소권

86.1 회사의 보통주 100분의 1 이상을 보유하는 자는 회사에 대한 손해를 배상하도록 회사의 의사결정권자를 상대로 소송을 제기할 수 있다.

제88조 주요거래(거액거래)의 체결

88.1 주요거래에 대한 결의는 이사회(없는 경우 주주총회)의 전원의 동의로 한다.

제89조 이해상충인

89.1 회사의 보통주 100분의 20 이상을 단독으로 또는 자기 특수관계인과 같이 보유하는 자, 회사의 의사결정권자 및 그의 특수관계인은 본인이 종사하는 회사 및 주식을 보유하는 회사와 다음 각호의 관계에 있는 경우 회사 혹은 그의 종속회사 및 자회사와 이해상충이 있는 자로 본다. 1) 거래의 당사자이거나 혹은 그 거래에 대리인 및 중개인으로 참여하는 경우 2) 거래의 당사자 혹은 그 거래에 대리인 및 중개인으로 참여하는 법인으로서 그의 의사결정권자 혹은 보통주 100분의 20 이상을 단독으로 또는 그의 특수관계인과 같이 보유하는 경우 3) 거래의 당사자 혹은 그 거래에 대리인 및 중개인으로 참여하는 법인으로서 그의 지배회사의 의사결정권자 또는 보통주 100분의 20 이상을 단독으로 또는 그의 특수관계인과 같이 보유하는 경우 4) 거래로 인하여 직접적 또는 간접적으

로 발생하는 수익으로부터 일부를 받는 경우.

89.2 다음 각호의 자를 회사의 의사결정권자 및 지배주식 보유자(지배주주)와 특수관계에 있는 것으로 본다. 1) 그들의 배우자, 동거하는 기타 가족 2) 그들의 부모, 자녀, 손자, 손녀, 남매, 자매 3) 그들이 자기 종사하는 회사 또는 주식을 보유하는 회사와 하는 거래에서 직·간접적으로 발생하는 수익으로부터 일부를 받는 경우 그 거래의 당사자

89.3 이 법 제12장의 조문은 다음 각호의 경우에 적용되지 않는다. 1) 1인이 회사의 보통주 전부를 보유하는 동시에 업무집행을 하는 경우 2) 주주는 이 법 제38조의 주식매수권을 행사하는 경우 3) 회사는 각 주주로부터 그들이 청약하는 주식을 총 청약주의 종류와 개수에 차지하는 비율로 매수하는 경우 4) 다른 회사 부통주의 100분의 75 이상을 보유하는 회사는 이 법 제20조에 따라 흡수합병 하는 경우.

89.4 유한책임회사의 주주 수가 10인을 초과하지 아니한 경우 정관으로 89.3 외의 경우를 명시할 수 있다.

제90조 이해상충거래로 인한 손해의 배상

90.1 자기거래로 인해 회사, 그의 종속회사 및 자회사에 발생한 손해는 그 잘못이 있는 자가 자기 자산으로 배상한다.

90.2 회사의 보토주주 또는 회사를 대표할 수 있는 의사결정권자는 이 법 제90조 제1항의 책임을 부과하기 위하여 법원에 소송을 제기할 수 있다.

제91조 이해상충거래 체결자에 대한 요건

91.1 이해상충거래를 하는 자는 이사회(없는 경우 집행임원) 및 감사에게 다음 각호의 사항을 통보하여야 한다. 1) 단독으로 또는 특수관계인과 같이 보통주의 100분의 20 이상을 보유하는 법인 및 그의 종속·자회사 2) 본인 또는 그의 특수관계인이 의사결정권자로 종사하는 법인 및 그들이 참여하는 회사결합의 다른 참여회사 3) 회사가 계획하고 있는 거래와 이행상충이 있는 사실 4) 이 법 89.1에서 정한 자기 특수관계인

제92조 이해상출거래 및 그의 절차

92.1 이 법 89.1에서 정한 자가 자기 종사하거나 지배주식을 보유하는 회사와 하는 거래를 이해상충거래라 하며, 이해상충거래 승인 결의는 그 거래에 대하여 이해관계 없는 이사(이사회 없는 경우 주주총회)의 과반수의 찬성으로 한다.

92.2 이해상충거래에 의하여 매매 또는 처분하고자 하는 재물, 재산권 및 그 외에 가격을 정할 수 있는 기타 권리의 시가 및 용역대금을 이사회가 이 법 제55조의 절차에 따라 결정한다.

92.3 주식회사는 다음 각호의 경우, 이행상충거래(서로 연관성 있는 다수의 거래)를 하거나, 종속 및 자매회사에 이해상충거래를 승인 또는 요구할 때에는 주주총회의 결의로 하며, 회의에 참석하는 이해관계 없는 주주의 과반수의 찬성으로 한다. 1) 이 법 제55조에 따라 이사회가 결정한 거래금액 즉 재물, 재산권 및 그 외에 가격을 정할 수 있는 기타 권리, 용역대금은 그 결의가 있는 시기의 회계장부상 재산의 25 퍼센트를 초과하는 경우 2) 회사가 발행할 보통주, 보통주 매수증권

또는 부통주전환증권 금액은 회사 또는 종속주식회사가 기존에 발행한 보통주 주가의 25퍼센트를 초과한 경우 3) 이사 전원이 (주식회사의 경우 독립이사 전원)이 거래의 상대방이 되고자 하는 경우

92.4 이해상충거래에 관한 사항을 주주총회 안건으로 제의하고자 하는 이사회 결의는 그 거래에 대하여 이해관계 없는 이사의 과반수의 찬성으로, 주식회사의 경우 독립이사의 과반수의 찬성으로 한다.

92.5 거래를 하고자 하는 자 또는 그의 부모, 배우자, 자녀, 형제 및 특수관계인으로부터 대출을 받고자 하는 이해상충거래는 이 법 제92.3의 승인을 필요로 하지 않는다. (이하 생략)

제93조 이해상충거래 절차 위반으로 인한 손해의 배상

93.1 이 법 89.1에서 정한 자가 이 법 제91조 및 제92조의 요건 및 절차를 위반한 경우 회사, 그의 종속회사 및 자회사에 발생한 손해 또는 그 거래로 인해 얻은 수익으로 책임을 진다.

93.2 이 법 제89조 제1항의 자와 체결한 거래를 법원이 무효로 판결할 수 있다.

93.3 이해상충거래를 한 의사결정권자는 이 법 제85조 및 제90조에 따른 책임을 부담한다.

제94조 회사의 재무 · 경제활동에 대한 감사인(auditor)의 감독

94.1 정관으로 달리 정한 바가 없는 경우, 회사는 재무제표의 확인 및 확정, 재무 · 경제활동에 대한 전체적 또는 부분적 감사를 받는 목적으로 계약에 의하여 감사기관을 선임할 수 있다.

94.2 주식회사는 정관에 감사인을 설치하도록 정한다.

94.3 이사회 감사위원회(없는 경우 주주총회)는 감사인을 선임하고, 계약을 체결한다.

94.4 이 법 94.3의 계약에는 감사인의 권리, 의무, 책임, 보수를 기재한다.

94.5 재무 · 경제 활동에 대한 감사는 정기 및 임시 감사가 있다.

94.6 회사의 재무제표를 확정하기 위하여 정기감사를 수행한다.

94.7 임시감사는 이사회, 감사위원회, 또는 보통주의 100분의 10 이상을 보유하는 주주가 요구하면 언제든지 수행할 수 있다.

94.13 다음의 자를 감사인으로 선임할 수 없다. 1) 회사의 특수관계인, 의사결정권자, 그들의 특수관계인, 회사 또는 그와 특수관계에 있는 회사의 고용인 혹은 의사결정권자 2) 회사 또는 그의 특수관계인이 발행한 유가증권, 혹은 회사 또는 그의 특수관계인과 관련이 있는 기타 자산 또는 재산권을 보유하는 경우 3) 회사와 감사업무 외의 다른 거래를 한 자

94.14 이 법 94.13을 위반하여 감사를 선임한 경우 그 감사인의 의견서는 무효된다.

94.16 회사의 재무 · 경제 활동에 대한 감사결과를 근거로 감사인은 다음의 사항을 반영한 의견서를 작성한다. 1) 회사의 재무제표상의 내용이 정확한지 여부 2) 회계장부 기록과 재무제표가 해당규정에 따라 작성되었는지 여부, 위반 사항이 있으면 사례별로 표시 3) 당해 감사기간에 해당하는 자기거래의 목록 작성, 거래절차가 회사법상의 규정에 따라 적절하게 이루어졌는지 여부 4) 주식회사의 경우 유가증권시장법에 관한 법령, 금융관리위원회 및 유가증권거래 관리기관

에서 정한 기타 정보 5) 회사의 정관 및 감사계약상에 정한 기타 정보.

제97조 회사의 서류 보관

97.1 회사는 다음 각호의 서류를 보관할 의무가 있다. 1) 정관, 그의 추가변경, 발기인의 회사설립 결의 2) 주주총회, 이사회 및 집행임원이 규정한 회사 내부규칙 3) 회사의 지점 및 지사의 정관 4) 주주총회 결의, 회의 기록 5) 주주총회를 위하여 주주에게 배포한 서류 및 주주총회 회의 안건 6) 재무 · 업무 보고서 7) 주식 및 유가증권 발행 규칙 8) 회계 기본 자료 및 부기장부 9) 회사의 특수관계인의 명부, 그들의 보유주식 종류 및 개수 10) 이사회 및 집행임원의 회의 기록, 결의서, 명령서 11) 회사 재무제표에 대한 감사의 의견서 12) 회사 의사결정권자의 특수관계인 명부 13) 회사의 발행주식 총수의 100분의 5 이상을 단독으로 또는 특수관계인과 같이 보유하는 자의 명부, 그들의 보유주식 종류 및 개수 14) 이 법 또는 정관으로 정한 기타 서류

97.2 회사는 다음의 서류를 보관하고, 법률 및 회사의 정관 · 규칙으로 정한 자에게 보고할 의무가 있다. 1) 회계장부에 기록된 재물 또는 재산권에 대한 증명서류 2) 이사회 또는 집행임원 회의 기록 및 결의서 3) 근본 자료 및 회계 자료 4) 국가 통제 · 관리기관에 제출한 보고서

97.3 회사는 정관 및 그의 추가변경 내용을 보관한다.

97.4 회사의 정관을 제외한 이 법 97.1에 명시된 서류의 보관기간은 5년이며 기간 만료 시 기록 보관소(archive)에 보관한다.

97.5 이 법 97.1에 명시한 서류를 해당 절차에 따라 접수 및 보관, 권한이 있는 자에게 보고하는 업무는 이사회 비서 (없는 경우 해당 임원) 이행한다.

97.6 회사가 이 법 97.1에 명시한 서류를 자기 영업소 또는 주주들이 알고 출입할 수 있는 장소에서 보관한다.

제99조 특수관계인 및 그에 대한 정보

99.1 다음 각호의 관계인을 이 법의 특수관계인으로 본다. 1) 일정한 계약에 의하여 회사의 경영상 결의를 결정할 수 있는 한 그룹의 사람들 2) 이 법 6.14에서의 회사의 결합에 속하는 회사인 경우 그 결합의 기타 참여회사 및 그들의 의사결정권자 3) 회사의 경영상 결의를 공동으로 결정할 수 있는 회사 또는 사람(한 그룹의 사람들). 4) 회사의 결의를 1인(한 그룹의 사람들)이 결정할 수 있는 회사 5) 회사 또는 그 회사의 의사결정권자 6) 한 가족의 구성원, 부모, 자녀, 손자 · 손녀, 형제, 기타 친척 7) 같은 유한책임회사의 주주 8) 본인 또는 그의 특수관계인이 지배주식을 보유하거나 의사결정권자로 있는 회사, 그 회사가 참여하는 회사결합의 다른 참여회사 및 그들의 지배주식을 보유하는 자 또는 의사결정권자. 9) 본인이 고용주인 경우 그의 고용인

제100조 위법자의 책임

100.1 회사법 위반행위는 형사처벌 대상이 아닌 경우 그 위법자에 대하여 판사 또는 금융관리위원회가 다음의 행정처벌을 부과한다.

5. 민법

제56조 거래(법률행위)의 무효

56.4 이해관계 있는 자가 무효거래의 효과를 제거하도록 요구할 수 있다.

56.6 무효거래(법률행위)의 당사자로서 잘못이 있는 자가 타인에게 가한 손해를 배상한다.

제57조 거래(법률행위)의 무효확인

57.1 법원은 법정의 근거 및 절차에 따라 이해관계자의 청구에 의하여 거래(법률행위)의 무효를 확인할 수 있다.

57.2 법원에 의하여 무효로 확인된 거래(법률행위는) 처음부터 무효이다.

제359조 유상사무처리계약

359.1 유상사무처리계약으로 피의뢰인은 합의된 사무를 처리하고 의뢰인인 보수를 지급할 이무가 있다.

359.2 이 계약의 대상은 모든 사무 및 용역이다.

제497조 불법행위로 인한 책임

497.1 타인의 권리, 생명, 건강, 명예, 명성, 영업적 지위, 재산을 위법적으로 고의 또는 과실 행위(작위 및 부작위)로 인해 손해를 가한 자는 그 손해를 배상할 책임이 있다.

참고
문헌

◆ 단행본

송옥렬, 『상법강의』(제4판), 홍문사, 2014.

이철송, 『회사법강의』(제22판), 박영사, 2014.

김건식 외, 『회사법』, 박영사, 2014.

한국상사법학회, 『주식회사법대계』 I, II, 법문사, 2013.

한국사법행정학회, 『주석회사법』제4판, 제3편 회사, 서울: 한국사법행정학회, 2006.

R.Kraakman 외, 『회사법의 해부』, 김건식 외 역, 소화, 2014.

한국법제연구원, 몽골법률센터, 『한국과 몽골의 법제실무: 그 절차와 실제』, 2008.

J.Battur, 『20세기 한국 몽골 관계사』, 현대몽골연구원 역, 서울: KM미디어, 2011,

B.Amarsanaa, *비교법학*, 울란바타르, 2005.

J.Amarsanaa 외, 『몽골의 정부조직과 법체계』, 서울: 법제연구원, 2009.

B.Amarsanaa 외, *회사: 법적 쟁점*, 울란바타르, 2003.

B.Amarsanaa, *기업지배구조 및 회사법에 관한 도전적 이슈*, 울란바타르, 2012.

T.Munkhjargal, Ts.Tsolmon, *Business law*, 울란바타르, 2000.

Fiona Connell and N.Tsogt. *Company law*(연수 자료집), UB, 2008.

J.Amarsanaa 외, *Business law*, 울란바타르, 2003.

D.Ayush 외, *Business law* (교과서), 울란바타르, 2011.

◆ 논문

J.Amarsanaa, “몽골의 법체계와 비교법학의 발전”, *몽골의 법적개혁과 비교법학의 발전*, 국립법률센터, 세계은행 사법과 법적개혁 프로젝트 편, 울란바타르, 2004.
엔흐자르갈, 『한국과 몽골의 회사법 비교연구』, 경기대학 상법 석사학위 논문, 2008.
B.Chimed, “비교할 수 있는 법과 비교할 수 없는 법”, *Law review* 제19집 4호, 국립법제연구소, 2007.
N.Lundendorj, “국가 법제발전에 대한 비교법의 역할”, *Law review* 제16-17집 2-3호, 국립대학교, 법과대학, 2007.
I.Idesh, “Issues of Improving The Legal Regulation of Corporate Governance in Mongolia”, *Law Review* 45호, 2013.
I.Idesh, “몽골의 회사에 관한 법률 발전에 대한 외국법의 영향”, *원문*, 2014.
J.Anderson, G.Korsun, P.Murrel, “Ownership, exit and voice after mass privatization”, *Economics of Transition*, Vol 7 (1), 1999.
Bernard Black, Reinier Kraakman, “A Self-Enforcing Model of Corporate Law”, *Harvard Law Review*, 1996.

◆ 보고서 및 회의록

몽골 국회, 경제정책위원회, 조합 및 회사법 제정안에 관한 소견서, 1995.03.06
몽골 정부, 조합 및 회사법, 제정안 소개서. 1994.12.30
몽골 국회의원 Yo.Gerelchuluun 외, 몽골 회사법(1999) 입법안 소개서, 1998.07.14
몽골 국회의원 D.Zorigt 외, 몽골 회사법 개정안(2011) 소개서, 2010.12.17
몽골 회사법 개정안(2011)에 관한 정부 내각회의 기록, 2010.9.15.
몽골 회사법 개정 준비단 회의록, 2011.03.30.
몽골 국회의원 S.Byambatsogt 외, 몽골 회사법 개정안(2013) 소개서, 2013.08.28
몽골공화국 정부, 기업법(1991) 제정안 소개서, 1991.04.18
몽골 대법원, “몽골의 사법통계 2012년”, *Supreme Court Review*, 2012, 004/105.

◆ 법률자료

몽골기업법, The State Baga Hural, *State Bulletin*, 1991, No 4~5. Аж ахуйн нэгжийн

тухай хууль, Төрийн мэдээлэл, 1991 он, №4-5.
몽골 조합 및 회사법, The Great Hural, *State Bulletin*, 1995, No 8-9. Нөхөрлөл компанийн тухай хууль, Төрийн мэдээлэл, 1995 он, №7.
회사법, The Great Hural, *State Bulletin*, 1999, No34. Компанийн тухай хууль, Төрийн мэдээлэл, 1999 он, №34
몽골 개정 회사법(2011), The Great Hural, *State Bulletin*, 2011, No42. Компанийн тухай хууль, Төрийн мэдээлэл, 2011 он, №42.
기관의 비밀에 관한 법률, http://legalinfo.mn/law/details/102?lawid=102

◆ **인터넷 자료**

한국외교부, 몽골약황, www.mofa.go.kr/countries/asiapacific/countries/20110919/_25358.jsp?menu=m_40_10_20
주 몽골 한국 대사관, 한국기업의 몽골 지출현황, www.mng.mofa.go.kr/ korean/as/mng/policy/both/index.jsp
국가법령정보센터, 한・몽 양자조약, http://law.go.kr/unSc.do?menuId=10§ion=licTrty&query=%EB%AA%BD%EA%B3%A8
법제처, 외국 법제기관과의 MOU 체결 현황, http://world.moleg.go.kr/ klaw/result
한국법제연구원, 교류협력체결기관, www.klri.re.kr/kor/business/bizRelOrgOne.do#orgInfo
몽골의 법적개혁의 어제와 오늘 원탁미팅, 개최자 국립법제연구소 2013.11.27. www.unen.mn/content/30336.shtml
법적개혁에 관한 전략적 미팅, 개최자 몽골 법무부, 국립법제연구소, 2013.04.08. www.court.bkh.gov.mn/index.php?option=com_content&view=article&id=1036:2013-04-08-10-24-37&catid=1:latest-news
몽골의 법적개혁과 비교법, 국제학술대회, 개최자 국회 법무위원회, 법무부 등, 2014.05.30. www.parliament.mn/news/open/categories/30/ pages/14233
몽골 국립법제연구소, www.legalinfo.mn
가동중 사업체 통계, 몽골 통계청(National Statistical Office of Mongolia),

http://1212.mn/contents/stats/contents_stat_fld_tree_html.jsp
B.Amarsanaa: 회사들이 더 커지고 싶어도 그 자리만 돌고 있다. 기사. http://vip76.mn/content/22665

국세청, 2014년 법인세 신고 현황/소재지 업태별. http://stats.nts.go.kr/national/major_detail.asp?year=2014&catecode=A08001

사법위원회, "몽골의 사법통계 2013년", "몽골의 사법통계2014년", http://www.judinstitute.mn/contentcategorylist/746.shtml?sel=4016&subsel=4221&type=0

국유회사의 이사회(기사), http://www.mongolianminingjournal.com/content/14452.shtml

국가재산관리위원회, 국유기업 명부, http://www.spc.gov.mn/turiinumch/tu-h-etgeeduud

국가재산관리위원회, 국유회사의 이사회 구성표, http://www.spc.gov.mn/turiinumch/company-zasaglal.

G.Dari, 6백만 투그릭의 월급을 받는 이사는 누구?(기사), 2015.01.28., http://politics.news.mn/content/202626.shtml

Ts.Baasansuren, 국가를 위해 일하는 회사들의 이사회(기사), 2013.05.01. http://dnn.mn/archive/37335/#.dpuf
http://www.frc.mn/legal/detail?id=3509.

금융관리위원회 (Financial Regulatory Commission) 명령서, 2012.03.14, 제74호, 주식회사 표준정관. Санхүүгийн зохицуулах хорооны тогтоол, 2012.03.14, дугаар 74, ХК-ийн дүрмийн үлгэрчилсэн загвар батлах тухай.

L.Bold가 자기 설립한 Golomt 은행의 불법적인 행위를 공개하고 거래자와 예금주들에게 주의를 줬다.(기사) http://tvmongolia.mn/read/1458 (검색일 2015.06.10.)

Bloomberg가 Golomt에 대해서 무슨 말을 했나?. (기사) 2014.2.13. http://www.new.mn/News/Detail?news_code=16823 (검색일 2015.06.15.)

아 시 아
태평양법
연구시리즈 **2**

이사의 책임에 관한 한국법과 몽골법의 비교연구

초판1쇄 발행 2017년 12월 22일

지은이 사롤
펴낸이 홍기원

총괄 홍종화
편집주간 박호원
편집 · 디자인 오경희 · 조정화 · 오성현 · 신나래
김윤희 · 이상재 · 김혜연 · 이상민
관리 박정대 · 최기엽

펴낸곳 민속원
출판등록 제18-1호
주소 서울 마포구 토정로 25길 41(대흥동 337-25)
전화 02) 804-3320, 805-3320, 806-3320(代)
팩스 02) 802-3346
이메일 minsok1@chollian.net, minsokwon@naver.com
홈페이지 www.minsokwon.com

ISBN 978-89-285-1115-0 94360
S E T 978-89-285-1113-6

이 도서의 국립중앙도서관 출판시도서목록(CIP)은
서지정보유통지원시스템 홈페이지(http://seoji.nl.go.kr)와
국가자료공동목록시스템(http://www.nl.go.kr/kolisnet)에서 이용하실 수 있습니다.
(CIP제어번호 : CIP2017033404)

책 값은 뒤표지에 있습니다.
잘못된 책은 바꾸어 드립니다.